QUELQUES

OBSERVATIONS

SUR

L'ÉCONOMIE INDUSTRIELLE

EN FRANCE.

QUELQUES

OBSERVATIONS

SUR

L'ÉCONOMIE INDUSTRIELLE

EN FRANCE.

STRASBOURG, de l'imprimerie de F. G. Levrault, imprim. du Roi.

QUELQUES OBSERVATIONS

SUR

L'ÉCONOMIE INDUSTRIELLE EN FRANCE.

PAR

MAGNIER-GRANDPREZ,

ANCIEN DÉPUTÉ DU DÉPARTEMENT DU BAS-RHIN;
RECEVEUR PRINCIPAL DES DOUANES EN RETRAITE.

> « L'esprit du commerce unit les nations......;
> « toutes les unions sont fondées sur des besoins
> « mutuels. »
>
> MONTESQUIEU.

PARIS,

Chez F. G. LEVRAULT, libraire, rue de la Harpe, n.º 81,
Chez RENARD, à la librairie du commerce, rue Sainte-Anne, n.º 71.

NOVEMBRE 1829.

Je fais hommage de quelques observations sur l'économie industrielle en France à mes anciens commettans, aux loyaux Alsaciens.

Fidèles et dévoués au Roi, à la Charte constitutionnelle, ils sont également recommandables par l'activité de leur industrie agricole et manufacturière.

Province privilégiée par la variété de ses produits, l'Alsace renferme de fécondes sources de richesse. Ses champs, ses ateliers, son commerce ; l'amour du travail, l'esprit d'ordre de ses habitans, tous ces élémens de prospérité réclament le bienveillant appui du Gouvernement pour être vivifiés et prendre un généreux essor.

Les Alsaciens ont eu le bonheur, en 1828, de posséder le Roi ! Ils gagnent à être vus de près.

En sollicitant un plus grand encouragement en faveur du commerce, c'est un vœu tout national qu'ils ont exprimé ; c'est le désir, l'espérance de la France entière.

AVANT-PROPOS.

Les questions qui se rattachent à l'économie industrielle en France ont fait depuis long-temps l'objet de mes réflexions. Ces questions ont acquis plus d'importance à mesure que l'industrie se développait avec de nouvelles forces et avec plus de succès.

Par goût, autant que pour mon instruction, j'ai profité des loisirs de la retraite pour méditer les ouvrages qui pouvaient contribuer à éclaircir mes doutes, à rectifier mes idées. Les discussions des deux chambres législatives fixèrent particulièrement mon attention.

Ces discussions, pendant plusieurs années, et celles, entre autres, de la session de 1829, offrent des vues, contiennent des propositions qui indiquent ce qu'on doit faire pour l'industrie nationale, de manière à concilier les intérêts généraux et particuliers.

J'ai pu me former une doctrine avec ces documens. Mon travail est plutôt le rapport (s'il m'est permis de parler ainsi) des opinions émises à la tribune, que l'énoncé d'un système qui me serait propre et exclusif.

J'ai eu soin de citer les orateurs, d'emprunter même leurs expressions à l'appui de mes observations : sous les auspices de tels guides j'ose espérer que l'essai que je livre au public sera accueilli avec bienveillance.

Divers auteurs ont traité les questions que j'aborde. Ils me sont supérieurs en connaissances et en talens ; mais leurs intentions ne sont pas plus pures que les miennes.

Bon Français, bon Alsacien, je souhaite que la France prospère sous le règne paternel du Roi ; et me prévalant des ex-

pressions de l'un de nos députés [1], je répète
après lui « Que l'industrie est devenue un
« élément social du premier ordre, ou
« plutôt qu'elle est la société elle-même
« dans son principal mode d'action. »

Les intérêts des consommateurs, du
commerce, des producteurs, sont ceux
de toute la population : je cherche à faire
partager la conviction où je suis qu'en ac-
cordant à ces moyens de richesse encouragement et protection, le Gouvernement
assure un bien-être réel au pays et lui
prépare les plus heureuses destinées.

---

1 M. Humann, rapporteur de la loi des dépenses; session
de 1829.

QUELQUES

OBSERVATIONS

sur

L'ÉCONOMIE INDUSTRIELLE

EN FRANCE.

CHAPITRE PREMIER.

Notions préliminaires.

Une nation prospère quand elle peut subvenir annuellement, par ses revenus effectifs, à ses divers besoins de consommation.

Ces besoins sont de première nécessité, ou d'une utilité secondaire.

Plus une population intelligente est nombreuse plus il doit y avoir d'individus qui concourent à la production des choses utiles; et plus il y a de producteurs plus les ressources se multiplient.

Une population de trente-deux millions, telle que celle de la France, exige une grande masse d'objets d'utilité : le travail, la fécondité du sol, ses productions privilégiées, l'industrie, le commerce y pourvoient.

1

Ces moyens ne sont bons qu'autant que les communications sont faciles et fréquentes pour l'échange, l'écoulement des produits, sans engorgemens, sans entraves; que l'habitant du dernier hameau et celui de la ville peuvent se procurer aisément, à bas prix, ce qui est nécessaire à leur entretien; qu'autant qu'il y a sécurité, garantie et protection pour tous[1]. Alors la production atteint son but, l'activité des relations augmente la somme du travail, la création se déploie partout avec un égal avantage.

On ne peut trop reconnaître la puissance du travail, les différens ressorts qui le constituent : il est le premier élément de force et de grandeur pour une nation.[2]

Les entreprises agricoles, le perfectionnement

---

1 Plus les routes, les chemins sont multipliés et bien entretenus, plus il y a de rivières ou de canaux navigables, plus aussi les terres, toutes les branches d'industrie, acquièrent de valeur. Les populations à proximité des routes, des rivières et des canaux sont dans un mouvement continuel; la circulation des subsistances et des produits en favorise, en provoque, en nécessite la consommation et la reproduction. La Belgique, une grande partie de l'Allemagne, et surtout l'Angleterre recueillent le fruit des sacrifices qu'elles se sont imposés pour multiplier les moyens de communication. Que ne gagnerait pas la France à de semblables sacrifices !

2 M. Ternaux, député; séances des 1.er Juillet 1822 et 3 Juin 1829.

de cette première et précieuse branche de richesse, le desséchement des marais, l'exploita-
tion des terres incultes, le creusement de canaux,
l'entretien des routes ; les usines, les manufactures, etc., que de sources de prospérité à ouvrir encore, ou à augmenter dans notre belle
patrie ! La misère et l'oisiveté, fléaux des socié-
tés, devraient, pour ainsi dire, en disparaître,
tant peuvent être abondantes les moissons à recueillir dans les champs de l'industrie et du commerce !

Il faut que dans les variétés infinies de la production le travail soit profitable à tous, depuis
le labeur le plus modeste pour la culture des
terres, ou dans les ateliers du fabricant, jusqu'aux
conceptions les plus utiles et aux méditations les
plus sublimes du génie ; depuis les sueurs du dernier ouvrier, jusqu'aux vues du négociant du
premier ordre, dont les opérations, combinées
avec justesse, portent le mouvement et la vie
partout où elles s'étendent.

Il s'agit de pourvoir aux besoins d'une population immense, dont chaque membre, employant
avec fruit le degré d'instruction, le genre de travail qui lui est propre, doit devenir à la fois
consommateur et producteur.

Et cependant de trente-deux millions de Français, combien y en a-t-il qui n'ont pas le pain

nécessaire pour eux et pour leurs familles, ou qui manquent de vêtemens ? combien y en a-t-il qui ne peuvent acheter une livre de viande, ou une bouteille de vin ?

La terre et l'industrie ne produisent donc pas trop; mais le défaut de débouchés, le manque de travail, ou un travail improductif, les gênes enfin de toute espèce, que l'on éprouve, entravent, arrêtent la consommation, l'empêchent d'être en rapport avec la population et avec la production.

Le mal-aise, dont on se plaint, n'a peut-être point d'autre cause.

Encourager le travail, tel doit être l'objet de la constante sollicitude du Gouvernement.

Ne peut-on pas dire, par abstraction, que le sol d'un pays, son véritable sol, c'est le travail? En effet, il y a des États qui, n'ayant qu'un territoire très-borné en étendue et très-pauvre en productions propres, jouissent cependant, grâce au travail de leurs habitans, d'une vraie prospérité. [1]

A plus forte raison cette prospérité doit-elle être assurée à un pays aussi étendu que le nôtre, favorisé par son climat, par sa position maritime et continentale; riche en population, en industrie, en productions; pouvant ainsi donner à son

____

1 M. Bignon, député; séance du 29 Juin 1822.

commerce la plus grande extension à l'intérieur et à l'étranger.

Les plus belles destinées nous attendent sous le règne des Bourbons, sous l'influence de nos institutions, de la Charte constitutionnelle. Ces destinées s'accompliront; et aussitôt que la législation viendra efficacement au secours du travail, on se convaincra que l'augmentation de la population, en France, doit multiplier les causes de la richesse; que celle-ci a pour première source, pour source très-féconde, l'approvisionnement des habitans.

Le Gouvernement se fortifie par une protection franche et énergique des intérêts généraux. Ceux de l'industrie et du commerce sont au premier rang, car ils accroissent la puissance des princes.

Nous venons d'indiquer quelques principes d'une saine doctrine en économie politique; nous allons tâcher d'en présenter le développement.

CHAPITRE II.

Commerce intérieur.

Le commerce, ou le marché intérieur réclame une attention toute spéciale. Il s'agit de la nourriture du peuple, de ses vêtemens, de son aisance et même des jouissances secondaires aux besoins de première nécessité.

L'agriculture, les fabriques, les manufactures, la production et la reproduction, les moyens de transport, d'achat, de vente sont autant d'élémens de la richesse publique.

Tous les bras, tous les capitaux que l'industrie et le commerce emploient, contribuent essentiellement à cette richesse; et plus il y a de capitaux actifs plus il y a de producteurs, plus il y a d'intelligence et de concours pour utiliser les facultés de chacun plus la richesse nationale s'accroît par la consommation.

Que l'on considère soit la masse d'utilités, soit la somme des valeurs pécuniaires des objets dont le commerce intérieur excite la production et qu'il fait parvenir des mains du producteur aux mains des consommateurs; que l'on fasse attention à la quantité des personnes auxquelles ce même commerce procure les moyens d'exister, et l'on conviendra que ses avantages n'ont presque pas de limites.

L'objet, le but du commerce intérieur est l'approvisionnement des habitans, de l'universalité des consommateurs. Le peuple devant pourvoir à ses besoins, il faut que le travail lui en offre les moyens. Y a-t-il absence de travail, ou ce travail n'est-il pas fructueux, l'harmonie, le bon ordre n'existent plus. Un travail productif est le rapport plus ou moins immédiat, ou un échange entre divers genres d'industrie réciproquement utiles.

CHAPITRE III.

Commerce extérieur.

L'esprit du commerce unit les nations : toutes les unions sont fondées sur des besoins mutuels.[1]

Si une nation doit se fournir à elle-même, autant qu'il est possible, par l'emploi de ses divers moyens de production, c'est-à-dire par l'emploi de son sol, de ses capitaux mobiliers, de son industrie, les choses qu'elle consomme[2], il n'est pas moins juste de reconnaître que le commerce extérieur, bien combiné avec le commerce intérieur, en devient un utile auxiliaire.

---

1 Montesquieu.
2 M. L. Say, De l'économie politique.

Le commerce extérieur est la source de grands bénéfices et contribue, avec le commerce intérieur, à la force, à la grandeur du gouvernement qui protège l'un et l'autre.

Le commerce extérieur est souvent indispensable à l'emploi de certaines choses; dans beaucoup d'occasions son concours favorise la production et est propice à la consommation.

Le commerce extérieur nécessite et amène un grand nombre de transactions qui n'auraient pas lieu sans lui, au détriment de l'industrie nationale; transactions qui, renouvelées chaque jour, donnent naissance à des opérations pour des valeurs bien supérieures à la somme par laquelle se résout l'importation, ou l'exportation.

Ces transactions fournissent des moyens de travail et d'existence à chacun des individus qui s'en occupent. Par exemple, une exportation de dix millions de draperies ou de soieries a pu donner lieu à un commerce intérieur du double, du triple...., en y comprenant tous les échanges effectués, depuis la vente de la laine, ou de la soie, jusqu'à la dernière transaction du négociant qui s'est chargé du produit confectionné.

Qu'on parcoure l'histoire du commerce chez tous les peuples, on n'en trouvera aucun qui, privé du commerce extérieur, ait vu son commerce intérieur prendre le développement dont il était susceptible, et soit arrivé à ce degré de prospérité qui constitue la force des États; tandis qu'on voit plusieurs nations devenir très-puissantes par leur commerce avec l'étranger. Tels sont de nos jours, dans de vastes proportions, la Grande-Bretagne et les États-Unis d'Amérique.[1]

Si le commerce est restreint à la consommation du pays, lorsqu'il peut en outre satisfaire aux commandes de l'étranger, si l'exportation du superflu n'est point favorisée, on appauvrit l'État et les régnicoles.

Une révolution dans les arts signale notre siècle. Nous avons acquis la plus belle part de ces pacifiques triomphes auxquels l'humanité applaudit. La fertilité de notre sol, ses produits privilégiés, les objets de notre industrie doivent contribuer à alimenter nos relations avec les autres peuples.

Depuis la paix générale, le commerce des mers est ouvert à toutes les nations : il était fermé à Napoléon.

L'horizon commercial circonscrit, pour nous,

---

[1] M. D. L. Rodet, auteur de deux ouvrages, l'un sur le commerce extérieur et d'un entrepôt à Paris; l'autre ayant pour titre : Questions commerciales.

pendant vingt-cinq ans, n'a plus d'autres bornes que l'univers.

Partout le commerce régnicole devrait ressentir le bienveillant appui du Gouvernement.

Si d'ailleurs près de trente millions d'Européens étaient sous l'empire de Napoléon tributaires forcés, pour ainsi dire, de l'industrie française, ils sont libres aujourd'hui de donner la préférence à qui ils veulent, à ceux dont les relations leur sont plus profitables : cette liberté est de droit naturel.

Quelle différence de situation ! le moment n'est-il pas venu de la bien juger ?

Le génie du commerce est le plus puissant mobile de prospérité. Admis dans le conseil des princes, il les entraîne dans sa sphère d'activité, et d'un pôle à l'autre sa puissante main pousse les hommes dans des routes nouvellement ouvertes à la fortune [1]. La production doit être toujours en rapport avec la population : plus celle-ci augmente, plus l'industrie doit redoubler d'efforts pour répondre aux besoins des consommateurs. Une fois ceux de l'intérieur satisfaits, il convient d'exporter ce que nous avons en surabondance, et plus spécialement les objets d'une utilité secondaire.

---

[1] M. D. L. Rodet.

Le nombre des consommateurs étant immense, il est presque impossible d'assigner des limites, quant à ce qui peut être vendu, soit en dedans du pays, soit en partie au dehors. Il suffit que les marchandises soient d'une bonne qualité et à bas prix. Toute comparaison avec un temps déjà éloigné de nous, ou relativement à des populations moins nombreuses et moins bien civilisées qu'aujourd'hui, serait inexacte et trompeuse ; car elle ne tiendrait pas compte de la tendance des peuples vers le bien-être, tendance plus générale, plus irrésistible que jamais.

L'exportation de notre superflu, des marchandises dont notre main-d'œuvre a décuplé la valeur, d'objets de luxe et d'utilité secondaire, nous est avantageuse, si en retour nous recevons de l'extérieur, à valeur pécuniaire égale, des objets de première nécessité. [1]

C'est ainsi que la France devrait trouver sur le continent et outre-mer des débouchés à ses vins et à ses eaux-de-vie ; qu'il en devrait être de même de plusieurs de ses produits industriels.

---

1 M. L. Say.

L'énumération des valeurs des marchandises importées et exportées pendant une année doit être rigoureusement exacte et justifiée. M. le baron Mercier, député ; séance du 22 Juin 1829.

Quelle serait l'étendue des bénéfices que ces transactions procureraient, et de combien de valeurs réelles s'accroîtrait la richesse publique ? D'un côté, le marché de l'intérieur gagnerait à cette surabondance de produits, et de l'autre le commerce extérieur nous faciliterait, en retour, l'importation des objets dont nous avons besoin.

Ces avantages commerciaux peuvent-ils être obtenus en France avec le système actuel de législation ? Ou ce système ne doit-il pas être modifié pour mieux nous concilier les gouvernemens étrangers ? Notre commerce intérieur ne gagnerait-il pas lui-même à des modifications ?

Ces deux questions n'en font qu'une; elle est depuis long-temps l'objet de plusieurs controverses : nous essayons de l'aborder.

Et d'abord portons notre examen sur la conduite que tiennent les autres gouvernemens chez eux, et en ce qui les concerne, sur la question qui nous occupe.

Le ministre des finances de Bavière s'est exprimé en ces termes devant les états-généraux du royaume :

« Quelques instances que fassent les fabricans
« et les manufacturiers pour que les droits d'en-
« trée soient augmentés, le Gouvernement ne
« croit pas devoir accéder à cette demande.

« Quoique les droits existant sur les produits
« de fabrique étrangère ne puissent être assi-
« milés à une prohibition indirecte d'importa-
« tion, ils sont calculés de manière qu'ils assu-
« rent à l'industrie nationale un avantage assez
« considérable, et qu'ils facilitent ainsi la con-
« currence avec les produits de fabrique et de
« manufacture venant du dehors.

« De même les droits d'entrée sur les objets
« de consommation, dans le sens le plus strict,
« sont à un taux si élevé qu'on peut les regarder
« comme un impôt assez considérable sur la con-
« sommation même. Toute augmentation trop
« forte de droits d'entrée ne ferait que multi-
« plier la contrebande; et ainsi non-seulement
« elle compromettrait de plus en plus le but de
« l'économie politique, mais encore elle rédui-
« rait le produit que le trésor public peut atten-
« dre des droits d'entrée existans. Les mesures
« pour empêcher la contrebande, lorsque les
« droits d'entrée sont trop élevés, entraînent
« des frais hors de proportion, ou sont jointes
« à un contrôle qui paralyse toute liberté de
« commerce, descend jusque dans les plus pe-
« tits détails et devient à la longue insuppor-
« table..... »

Un publiciste des Pays-Bas disait dernièrement :

« La Belgique a vu son commerce, presque
« anéanti depuis si long-temps, sortir enfin de
« ses ruines ; ses routes, ses canaux navigables
« se multiplier,..... son industrie refleurir, ses
« fabriques s'agrandir, ses machines travailler
« jour et nuit sans pouvoir satisfaire aux de-
« mandes de la consommation. Tandis que d'au-
« tres pays étaient tellement courbés sous le joug
« des prohibitions et des restrictions commer-
« ciales qu'ils n'auraient pu le secouer sans com-
« promettre la tranquillité publique, le gouver-
« nement belge, brisant ces entraves, aujour-
« d'hui proscrites par tous les esprits éclairés,
« s'est élevé à toute la hauteur des vues que ré-
« clament les questions industrielles, et a devancé
« l'Europe entière dans l'adoption d'un système
« de douanes aussi libéral qu'il soit possible d'en
« adopter. »

Il y a certes trop d'exagération dans ce tableau
du système d'économie politique en Belgique.
Son gouvernement se gardera bien, dans les
intérêts réels de l'industrie, de briser *certaines
entraves*, signalées par l'auteur comme *proscrites par tous les esprits éclairés*. Mais il
paraît que l'Administration désire arriver à un
perfectionnement d'institutions commerciales
qui tourneront à l'avantage du pays.

Il est fâcheux que l'expédition de nos vins et de nos eaux-de-vie, l'une des premières sources de notre richesse, éprouve encore trop d'obstacles outre-Rhin, même en Belgique.

Nous aurons occasion de rechercher la cause de cette préjudiciable exception.

Que dire de l'Angleterre, de cette reine de l'industrie et du commerce du monde ?

Quelles sont ses ressources, quelle est son énergie !

Une crise effroyable s'était fait sentir en 1825 et 1826 ; cette crise semblait menacer l'existence du commerce anglais : il se relève avec de nouvelles forces, et les échecs qu'il avait éprouvés font place à des succès plus grands, plus solides que jamais pour la prospérité de la nation.

Voici ce que l'un des premiers hommes d'État proclamait à la chambre des Communes :

« Tous nos efforts doivent tendre à détruire
« la jalousie des puissances étrangères, à servir
« la cause de la civilisation, à accroître l'échange
« réciproque des jouissances et des avantages des
« différens climats ; et si nous ne considérons
« que les intérêts particuliers du commerce de
« notre pays, ces argumens, loin de s'affaiblir,
« prennent une nouvelle force. La richesse, l'in-

« dustrie, la science, la prospérité de notre pa-
« trie, sont autant de motifs pour nous porter
« à rendre le système commercial de plus en
« plus libéral. *Je voudrais être libéral envers*
« *les autres pays, entre autres raisons, parce*
« *que c'est le meilleur moyen de servir les in-*
« *térêts du mien.* »

Le chancelier de l'échiquier a ajouté :
« Il y a dans la société un principe qui porte
« les nations à se rapprocher, à établir de nou-
« veaux rapports entre elles; à se créer des be-
« soins mutuels, à goûter de nouvelles jouis-
« sances. Telle a été la volonté de la Providence,
« qui l'a ordonné ainsi pour le bonheur de
« l'homme. Ce principe peut être arrêté par une
« fausse législation, mais il existe toujours; il
« tend à augmenter, à répandre le bonheur sur
« le monde entier, et ce qu'il produit ne peut
« être attribué ni au hasard, ni à des causes ac-
« cidentelles. »

Des changemens ont été faits depuis plusieurs
années aux tarifs et aux lois de l'Angleterre sur
les importations; des prohibitions ont été levées.
Nous ne devons imiter nos rivaux que dans
ce qui peut être utile à nos vrais intérêts.
Notre situation géographique et commerciale

n'est point celle de l'Angleterre. La multiplicité de ses routes, de ses canaux pour les communications dans l'intérieur; ses capitaux, son crédit; l'activité de ses fabriques, de ses ateliers; ses machines, ses mécaniques qu'elle sait inventer et perfectionner chaque jour; sa marine; ses comptoirs, ses stations que l'on rencontre partout; ses vaisseaux qui sillonnent toutes les mers; ses vastes possessions lointaines, ses innombrables sujets ou tributaires dans les deux hémisphères[1]; sa supériorité dans plusieurs branches d'industrie; certaines mesures restrictives, bases de son acte de navigation et qu'elle maintient religieusement en principe autant qu'il dépend d'elle; quelques droits d'entrée excessifs encore : tous ces avantages, ou ces précautions prouvent que, si quelques orateurs du parlement dans leurs discours, quelques publicistes de l'Angleterre dans leurs écrits étalent la philanthropie la plus séduisante, nous ne devons pas moins nous tenir sur nos gardes.

---

1 L'Angleterre semble l'accessoire d'immenses colonies dont la population s'élève à 118 millions d'habitans. Nos colonies et les 311,000 individus qui y résident ne forment qu'un médiocre accessoire d'un royaume qui renferme 32 millions d'habitans. (Rapport de M. le comte d'Argout, pair de France, fait à la commission d'enquête présidée par le ministre du commerce et des manufactures.)

Un généreux entraînement de notre part, des concessions trop étendues nous deviendraient funestes.

Ne serait-ce pas un intérêt tout privé qui dicterait ce langage de l'autre côté du détroit? En effet, il est reconnu que les produits de l'industrie anglaise s'obtiennent, en majeure partie, à un prix inférieur aux nôtres, et que la comparaison entre les marchandises d'espèces analogues nous est trop souvent désavantageuse.

Un peuple dont la consommation chez lui, dans son île, est peu considérable et la production immense, comparée à la nôtre, ne peut que gagner dans ses rapports commerciaux, surtout quand l'excellence et le bas prix de ses produits lui assurent, par privilége, pour ainsi dire, le marché extérieur.

Telle est la différence entre la situation de l'Angleterre et la nôtre.

« Depuis long-temps [1] on sentait le besoin en
« France de donner une base fixe aux relations
« qui doivent exister entre le Gouvernement et
« le commerce ; on reconnaissait la nécessité de
« mettre en harmonie les divers intérêts et de
« fonder un établissement qui devienne un cen-

---

[1] Rapport qui précède l'ordonnance royale du 6 Janvier 1824.

« tre commun où les faits commerciaux de toute
« nature, les documens de tout ordre, soient
« réunis pour être comparés, étudiés et soumis
« à une discussion sérieuse. On a proclamé cette
« vérité, que dans un pays comme la France, le
« commerce exerce trop d'empire sur la fortune
« publique, pour que le Gouvernement tout
« entier ne doive pas s'associer à la recherche et
« à la combinaison de tous les moyens propres
« à favoriser son développement et à étendre sa
« prospérité. »

Si nul ne conteste que le travail et l'industrie
soient aujourd'hui le gage du bien-être physique
et moral des peuples, le plus solide fondement
de leur puissance, le plus énergique stimulant
de leurs progrès, comment pourrait-on méconnaître qu'il est juste, qu'il est utile et nécessaire
que ce puissant intérêt ait un représentant, un
interprète spécial dans le conseil du monarque [1] ?

Personne ne niera que depuis la restauration
un mouvement extraordinaire ne se soit opéré
dans notre industrie, et par suite dans notre
agriculture. La situation commerciale de l'Europe a changé de face; des révolutions impor-

---

[1] M. Humann, député : séance du 23 Mai 1829; Rapport
sur la loi des dépenses.

tantes, parcourant du nord au sud le nouveau monde, ont créé des combinaisons nouvelles. Au milieu de ce conflit d'évènemens si graves, il est arrivé encore que les intéréts créés en France par un développement inouï de la puissance industrielle, et auxquels s'attachaient d'une part tant de besoins, et de l'autre tant d'espérances, se sont vus tout à coup arrêtés dans leur marche.......[1]

Il fallait donc un établissement qui fût chargé de recueillir les faits, les informations; de diriger des enquêtes et de préparer les travaux sur les questions d'une haute importance.

Un ministère du commerce et des manufactures avait été établi, à la satisfaction de tous ceux auxquels les intérêts de l'industrie nationale sont chers : ce ministère devait être indépendant, fort dans son action........ Il est remplacé aujourd'hui par le bureau du commerce et des colonies, institué en 1824.

Ayant égard aux forces vitales de chacune des branches d'industrie, le Gouvernement doit mesurer sa protection sur le besoin qu'elles ont d'être aidées.[2]

Telle est, suivant nous et en peu de mots,

------

[1] M. Cunin-Gridaine, député; séance du 18 Juin 1829.
[2] M. D. L. Rodet.

toute la science de notre économie industrielle.

Nous nous félicitons de pouvoir dire après le premier organe de l'industrie : « Qu'une théo-
« rie immuable et absolue, quelle qu'elle soit,
« ne saurait utilement diriger des intérêts aussi
« variables et aussi distincts entre eux que sont
« ceux de l'industrie d'un grand royaume ; que,
« si l'on s'est montré si généreux, peut-être pro-
« digue, dans la mesure de protection, tempo-
« rairement réclamée par un certain nombre de
« branches du travail national, susceptibles de
« prendre chez nous de larges et de profondes
« racines, pour le bien même de ces industries,
« non moins que pour être juste envers celles
« qui, fortes de leur propre supériorité, n'ont
« rien ou que fort peu à demander aux tarifs,
« tels que les vins, les eaux-de-vie, les soieries,
« il importe d'élargir le plus possible les bases
« de notre commerce extérieur et maritime. »

Nous pourrions citer en entier le rapport fait au Roi, le 5 Octobre 1828, par le ministre du commerce et des manufactures, et dont nous ne présentons qu'un faible extrait. Ce rapport re-marquable, rempli de vues profondes, est sous les yeux de tout le monde : nous y renvoyons et nous en invoquons les dispositions, comme autant de principes dont l'application peut être très-utile aux intérêts du commerce en général.

Nous nous bornerons à émettre notre opinion sur certains points qui se lient plus étroitement à la pensée que nous avons voulu faire ressortir dans l'ensemble de nos observations.

Nous avons avancé qu'*une nation prospère quand elle peut subvenir, annuellement, par ses revenus effectifs à ses divers besoins de consommation ; que ces besoins sont de première nécessité, ou d'une utilité secondaire.*

Sans cesse nous avons parlé de l'avantage d'encourager le travail et l'industrie, pour augmenter la production et la reproduction.

Outre le bien-être du peuple, qui est l'objet constant des vœux et de l'action du Gouvernement, nous avons cru, et telle est plus que jamais notre manière de voir les choses, que la fécondité des moyens de subsistance et d'entretien, que l'aisance procurée à ce même peuple peut devenir, par une prudente répartition, une source d'impôts indirects, dont les limites seront toujours moins restreintes que celles de la contribution foncière.

Nous avons cherché à démontrer que le marché intérieur et le commerce à l'étranger doivent se prêter un mutuel secours : bien loin donc de leur créer des intérêts isolés, il faut reconnaître que le commerce extérieur est l'auxiliaire du commerce intérieur pour lui fournir les objets étrangers qui lui sont nécessaires, quelquefois indispensables, ou pour procurer des débouchés à la surabondance de nos produits; de telle sorte que la consommation des régnicoles non-seulement n'en éprouve aucun préjudice, mais encore en devienne plus entière et plus complète, les besoins et les jouissances pouvant, par ce concours, être mieux et plus largement satisfaits.

Si des produits de l'industrie française ont eu besoin pendant long-temps d'une protection particulière, cette protection, aujourd'hui qu'une partie de cette même industrie a pris un généreux essor, ne doit pas continuer à être trop universellement hostile envers les pays étrangers. Nous avons intérêt à nous les concilier dans nos rapports commerciaux, et on ne peut se dissimuler qu'il existe une certaine irritation qui nous est très-préjudiciable, particulièrement sur le continent : il importe de la faire disparaître.

De quelles réclamations le Gouvernement n'est-il pas assiégé de la part de nos ports de mer, des places de commerce? On dit que nous sommes sans débouchés faciles au dehors, sans relations intimes de commerce sur le continent et outre-mer.

On est étonné que nous ayons négligé des rapports précieux avec les peuples du nouveau monde, où une puissance rivale nous a devancés et s'est fait accorder des avantages qui nous étaient offerts et que nous eussions obtenus de préférence ; en sorte que l'abondance de nos ressources, de nos marchandises, le zèle de nos négocians, de nos armateurs deviennent presque autant de causes d'embarras.

La stagnation des affaires dans l'intérieur, le défaut de débouchés à l'étranger arrêtent dans la main de nombreux ouvriers l'instrument qui les nourrit. Les productions privilégiées de notre sol, nos marchandises, sont presque sans commandes, sans acheteurs ; le prix des immeubles tombe de jour en jour. [1]

CHAPITRE IV.

Des impôts.

Le bas prix des denrées et des marchandises les met à la portée des consommateurs. La législation doit tendre, autant que possible, à ce que ce bon marché soit maintenu dans les transactions commerciales. Il ne l'est pas, si le tribut que chaque industrie paie à l'État est hors de pro-

---

1 Séances de la Chambre des députés des 3 Juin et 1.er Juillet 1829.

portion avec la valeur réelle de la chose. Alors l'impôt nuit à la production et à la consommation ; le commerce en ressent de funestes atteintes.

Il ne suffit pas que les impôts soient répartis avec égalité, sans acception des personnes et suivant les facultés individuelles ; il faut encore qu'ils soient assis convenablement, c'est-à-dire qu'ils maintiennent un juste équilibre entre les différens intérêts agricoles, commerciaux et industriels : ou en d'autres termes, qu'ils soient combinés de telle sorte que chacune de ces trois branches de richesses ou de ressources ne supporte que ce qu'elle peut supporter, sans que cela nuise à son accroissement.

Les impôts doivent être modérés, surtout sur les objets de première nécessité.

Ainsi répartition de l'impôt proportionnellement aux facultés individuelles, pondération des différentes masses d'intérêts dans cette répartition, modération dans l'impôt et choix judicieux de la matière imposable, tel est le but auquel, dans l'état présent de la civilisation, doit tendre, par tous les moyens qui sont en son pouvoir, tout gouvernement bien constitué. [1]

----

1 M. de Berbis, député : Rapport sur la loi des recettes ; séance du 29 Mai 1829.

L'impôt est nécessaire à l'action d'un gouvernement régulier ; il doit être regardé comme une chose bonne en elle - même, et qui, entre des mains sages, devient un fonds commun, prélevé sur l'aisance et la richesse d'un pays pour subvenir aux besoins de tous ; pour améliorer ce qui est susceptible de progrès ; pour répandre, de l'extrémité à l'autre d'un empire, les bienfaits de la civilisation ; et, enfin, pour corriger, à l'instar d'une seconde Providence, ce qu'il y a de trop inégal dans les destinées humaines. [1]

Le bonheur du pays ne peut trop fixer les vues de l'Administration supérieure ; l'aisance des contribuables amène ce résultat.

CHAPITRE V.

Des douanes et des objets de consommation.

Nos relations commerciales avec l'étranger et les droits sur des objets de consommation dans l'intérieur seront désormais les deux principales questions que nous nous proposons d'examiner, avec la réserve que la méfiance en nos moyens nous commande.

----

1 M. Kératry, député ; séance du 30 Mai 1829.

CHAPITRE VI.

Relations commerciales avec l'étranger.

La liberté indéfinie du commerce est une utopie impossible à réaliser. Sous le rapport des intérêts, les peuples ne peuvent être considérés comme ne formant qu'une même famille. La population de chaque État, ses besoins, ses ressources, ses avantages en produits, le développement plus ou moins perfectionné de son industrie; son commerce, les moyens de lui être utile, de le protéger et même de le favoriser, sont autant de considérations qui entrent essentiellement dans les vues et dans les combinaisons d'ordre public de tout gouvernement.

La destruction de quelque genre de fabrication dans un pays serait l'inévitable conséquence d'une entière liberté commerciale. Ce système anéantirait, en un jour, le fruit de longs sacrifices, et son adoption serait aussi ruineuse pour l'industrie agricole et manufacturière de la France, en particulier, que profitable à d'autres nations dans des intérêts contraires aux siens : ce serait une perturbation générale, un immense danger pour les fortunes privées et pour la prospérité publique elle-même.

Parcourez nos côtes, d'Antibes à Perpignan,

de Bayonne à Dunkerque ; parcourez toutes nos
frontières de terre, vous n'entendrez qu'un cri
contre les tarifs et pour la liberté du commerce ;
rentrez dans l'intérieur du royaume, écoutez nos
industries, vous n'entendrez qu'un cri pour le
système de protection et contre la liberté du
commerce. [1]

Il est aujourd'hui universellement reconnu
que la liberté illimitée du commerce n'est qu'une
chimère flatteuse. Il faudrait, pour qu'il en fût
autrement, que les peuples n'eussent pas des intérêts divers et souvent opposés. Chaque peuple,
au contraire, a ses conditions particulières de
prospérité, déterminées par sa situation géographique, son climat, la nature de ses productions, les habitudes et les mœurs qui agissent
sur ses consommations et sur la direction de son
travail.

Chaque peuple doit donc avoir aussi son système d'économie publique, destiné à diriger ses
forces productives, de manière à obtenir de leur
concours l'accroissement le plus étendu de la richesse générale. Enfin, une consommation puissante, au sein même de la France, lui fait un
intérêt important de réserver, autant que possi-

---

[1] M. J. Lafitte, député ; séance du 13 Juillet 1829.

ble et que juste, le marché intérieur à la production nationale. [1]

Ces réflexions démontrent les avantages de
l'institution des douanes relativement à notre
agriculture, à notre industrie manufacturière et
à notre commerce.

Des mesures de police à l'extrême frontière et
dans le rayon de cette frontière ; des droits à
l'entrée sur les marchandises étrangères, pour
protéger notre propre industrie, deviennent dès-
lors nécessaires et sont en même temps une branche légitime d'impôts perçus au profit du Gouvernement.

Cette partie d'impôts indirects doit continuer
à être une des sources nourricières du trésor royal.

Ici la question se complique.

Malheureusement nos industries elles-mêmes
ne sont pas d'accord entre elles. Entre celui qui
produit la matière première et celui qui l'ouvre,
il s'élève partout un violent dissentiment. Le
cultivateur qui produit la soie veut qu'on la
prohibe ; le fabricant qui l'ouvre veut qu'on lui
donne un accès plus facile ; le maître de forges
veut qu'on impose les fers étrangers : l'ouvrier
qui les emploie veut qu'on les laisse entrer et

---

1 M. Gautier, député; séance du 20 Juin 1829.

qu'on impose les machines; le producteur de sucre veut qu'on taxe celui de nos colonies : le rafineur veut qu'on le dégrève. Il n'y a pas jusqu'aux colons qui n'aient demandé d'imposer nos sucres indigènes de betteraves. [1]

Telle industrie réclame une immunité de droits à l'entrée sur les matières premières, avec maintien de la prohibition absolue des marchandises étrangères, analogues à celles qu'elle fabrique; telle autre se borne à de forts droits pour écarter la concurrence trop illimitée de l'étranger.

Les fabricans de toiles de chanvre et de lin, produits indigènes, se plaignent d'une trop grande importation en France de toiles de semblable espèce venant d'autres pays.

Les propriétaires de troupeaux à laine veulent que les droits imposés sur les laines étrangères soient, sinon augmentés, du moins maintenus : les fabricans en draps se récrient contre ces droits et en provoquent la diminution.

Les propriétaires et nourrisseurs de bestiaux repoussent presque de l'intérieur les bestiaux étrangers, tandis que les consommateurs se plaignent de ce que les droits à l'entrée du royaume, sur ces bestiaux, haussent le prix de la viande de boucherie, etc.

---

[1] M. J. Lafitte, député; séance du 13 Juillet 1829.

Enfin, des dispositions trop restrictives sont condamnées par le commerce intérieur, qui désire être largement approvisionné et pouvoir vendre, à bon marché, suivant le goût et les besoins de chacun. [1]

Quant aux droits de consommation proprement dite, sur les vins et sur les eaux-de-vie, entre autres, que de plaintes ont été portées au Gouvernement et présentées à la discussion des deux chambres législatives! Nous nous réservons d'entrer en explication sur les motifs de ces plaintes. [2]

Une réflexion n'échappe point à l'examen de l'observateur, de tout bon Français ami de l'ordre, dévoué à son Roi, à sa patrie. Il y a gêne et souffrance : le producteur, le commerce, le consommateur attendent un allégement à leurs maux; ils le demandent avec instance! L'activité de l'industrie est ralentie; les ressources du trésor public diminuent en présence des charges que les besoins du pays lui imposent.

Dans de telles circonstances, au milieu de ce conflit de vœux, de demandes, de représentations, reconnaissons que le Gouvernement est appelé de droit à examiner, à l'aide de toutes

---

[1] Rapports faits à la Chambre des députés de plusieurs pétitions dans les séances des 14 Mai, 20 Juin 1829 et années antérieures.

[2] Voyez les chapitres 14, 15 et 16.

enquêtes et vérifications des faits, quel serait le régime commercial le mieux approprié aux vrais intérêts de la France, et à préparer les solutions des principales questions qui doivent assurer le triomphe de ces intérêts.

Nous n'aurons point la témérité de traiter en détail ces questions : les renseignemens nécessaires nous manquent.

Nous pensons qu'il faut établir un juste équilibre entre les produits agricoles, première base de toute prospérité, et les intérêts manufacturiers et commerciaux.

Nous croyons également que, si les impôts augmentent d'une manière exagérée la valeur des denrées et des marchandises, les ventes en sont par cela même plus rares. La main-d'œuvre hausse de prix; le producteur est en perte, ralentit ses moyens de production : inconvénient préjudiciable à nos intérêts commerciaux, soit dans l'intérieur pour la consommation, soit à l'étranger pour le débouché de notre superflu.

L'approvisionnement de la population doit être, il nous semble, la considération prédominante pour l'assiette des contributions, surtout des contributions indirectes dans leur généralité.

La prévision doit les concilier entre elles dans l'intérêt de la société, ou, ce qui est la même chose, à l'avantage des consommateurs.

CHAPITRE VII.

Des importations en France.

L'achat amène la vente; toutes les fois que nos intérêts réels ne nous commandent point de repousser les produits étrangers par des prohibitions absolues, ou d'en restreindre l'entrée par des droits exagérés, nous devons nous garder d'adopter des mesures qui occasionneraient des représailles et excluraient nos propres marchandises du marché extérieur.

Loin de nous la pensée et l'opinion que les échanges n'auraient rapport qu'à nos vins, à nos eaux-de-vie, à la bonneterie et à nos étoffes en soie. Tout en reconnaissant l'importance de ces deux branches de notre richesse, et en manifestant le vœu le plus positif pour que ces produits soient recherchés sur les marchés étrangers avec l'accueil qui leur est dû, nous avons la satisfaction de croire qu'à l'égard de plusieurs autres marchandises, de la draperie et des étoffes en laine, fines; des toiles peintes, des chapeaux, des batistes, de la mercerie fine, de l'horlogerie avec ses précieux ornemens, des bronzes dorés, de l'ébénisterie, de l'orfèvrerie, de la bijouterie, des ouvrages de mode, de fantaisie, etc., nous pourrions supporter la concurrence même avec le commerce anglais; que la préférence acquise à nos denrées privilégiées et à quelques-uns de nos produits industriels par la nature ou par la perfection de notre travail, ne tarderait pas à leur être assurée, surtout si notre main-d'œuvre était mieux encouragée (ce qui fera l'objet du chapitre suivant), et s'il y avait plus de conciliation de notre part dans nos relations envers certains peuples. Une civilisation perfectionnée, l'aisance, nécessitent une plus grande consommation : concourons à satisfaire cette consommation partout où nous aurons su nous ménager un facile accès.

Pour qu'il soit exact d'énoncer que *l'esprit du commerce unit les nations, que toutes les unions sont fondées sur des besoins mutuels,* il nous paraît que les lois de douanes ne doivent pas isoler les peuples entre eux. L'intérêt public demande à la vérité que les tarifs soient propices à l'industrie du pays; mais sa prospérité, bien entendue, n'exige pas que les droits d'entrée soient élevés, en thèse générale, de manière à affranchir les producteurs nationaux de toute concurrence étrangère. La protection qu'ils sont fondés à espérer doit être un encouragement sagement déterminé, et non, sauf quelques exceptions, un obstacle à l'approvisionnement du consommateur.

Ce qu'un gouvernement doit à l'industrie nationale, c'est de la mettre sur un terrain favorable pour lutter avec l'étranger.

« Dans la combinaison de nos intérêts indus-
« triels, a dit M. Gautier, député[1], le Gouver-
« nement n'a pris jusqu'à présent et ne prend
« encore en considération suffisante ni les in-
« térêts de la consommation, ni ceux du com-
« merce extérieur qui embrasse ceux de tous
« les produits susceptibles d'exportation. »

Des tarifs trop rigoureux peuvent achever de rompre le peu de relations commerciales que nous avons encore avec les étrangers et augmenter la gêne des consommateurs, en élevant le prix des objets de première nécessité.......... Bien loin de demander que la France soit fermée aux étrangers, on ne cesse d'implorer de nouveaux débouchés, et on ne les obtiendra qu'en ne repoussant pas rigoureusement tout ce qui vient du dehors.......[2]

Depuis quelques années, et tout récemment, plusieurs États d'Allemagne, le Hanovre, la Prusse, la Bavière, le Wurtemberg, notamment

---

1 Séance du 22 Juin 1829.
2 MM. Cabanon et Daunant, députés; séances des 1.er Juillet 1822 et 20 Juin 1829.

les principautés du centre de l'ancien empire germanique, ont signé des conventions commerciales plus ou moins libérales, ou restrictives, et même des associations pour établir un régime commun de douanes, afin d'agrandir le cercle dans lequel les produits de l'industrie pourront circuler.

La Suisse, neutre jusqu'à présent, et le pays de Baden sont vivement sollicités par ces associations à se concerter, à se lier avec elles dans leurs intérêts réciproques.

Ces actes doivent d'autant plus attirer l'attention du gouvernement français qu'ils lui offriront peut-être le moyen d'assurer utilement la direction à donner à nos produits. [1]

L'impôt doit pouvoir se plier successivement, quoiqu'à longs intervalles, aux variétés de la propriété dans ses formes, aux besoins judicieusement constatés de l'industrie au dedans et au dehors; quelquefois même, par une utile réciprocité, aux convenances de la politique; et quoiqu'un principe fixe doive régler habituellement ses applications avec uniformité pour tous, la condition d'*une fixité absolue* ne doit pas en-

____

[1] M. le comte d'Argout; séance de la Chambre des pairs du 7 Juillet 1829.

chaîner les chiffres de nos tarifs............. Telle
circonstance peut survenir dans la production,
dans la consommation, dans les intérêts de la
réciprocité commerciale, que des réductions graduelles sur quelques taxes puissent aussi devenir
un devoir et un besoin publics........ Il pourrait
arriver que la prohibition trop absolue de telle
production qui nous manquerait, réduisît des
productions françaises, que des étrangers auraient pu prendre en échange, à surcharger
notre territoire inutilement et pour eux et pour
nous.....[1]

« Nos doctrines sont connues, observait le
« ministre du commerce et des manufactures;
« vous savez qu'elles s'éloignent également d'un
« régime absolu de prohibitions et d'une trop
« grande libéralité dans nos tarifs.[2] »

Il est difficile, sans doute, de coordonner des
dispositions qui soient profitables à l'industrie
nationale, au trésor royal, sans nuire à la consommation de l'intérieur et aux relations que
nous pouvons nous ménager à l'étranger.

Des informations recueillies près d'hommes
qui, à des théories moins brillantes que solides,

---

1 M. le comte Mollien : séance de la Chambre des pairs du
28 Juillet 1829; Rapport sur la loi des recettes.

2 Séance de la Chambre des députés, du 20 Juin 1829.

joignent des connaissances positives et pratiques ; les lumières que répandent sur des questions aussi importantes plusieurs hommes d'État et des orateurs des deux chambres, ou des publicistes ; l'étude approfondie de ces mêmes questions, une science toute particulière, acquise, à la suite d'une longue expérience, par les administrateurs généraux des douanes : ces moyens réunis doivent mettre le Gouvernement, centre de tous les renseignemens, à même de satisfaire les divers intérêts. C'est le vœu, le pressant besoin de la France.

Un ministère du commerce et des manufactures eût répondu à cette attente. Espérons que le bureau du commerce et des colonies le suppléera.

Une commission d'enquête a été formée de plusieurs notables du royaume pour éclairer le Gouvernement de leurs conseils. Déjà deux questions ont été examinées : celles des sucres et des fers étrangers.

Les procès-verbaux de cette double enquête sont rendus publics ; ce sont deux traités sur notre économie industrielle. De sages principes y sont posés, et l'on peut croire que les intérêts de notre commerce, grâce à ces documens, seront désormais présentés à la discussion des chambres législatives avec la précision et la justesse qui doivent lui assurer encouragement et protection.

Appréciant le haut degré de confiance que ces autorités méritent, nous ne nous écarterons point de la marche que nous nous sommes proposée dès le commencement de nos observations; nous voulons même la suivre plus exclusivement encore en nous rattachant seulement aux conséquences de cette vérité aujourd'hui universellement reconnue :

Toutes les consommations se lient et ont de l'affinité entre elles.

Si les réglemens qui concernent chaque Administration des contributions indirectes, n'avaient pour but que la prospérité individuelle de cette administration isolée, ou l'augmentation des recettes qu'elle verserait au trésor royal; s'il n'y avait qu'une émulation qui dût porter ces Administrations générales à chercher à se dépasser mutuellement, sans prévoir les effets de ce système; et si l'exagération de certaines perceptions qui leur seraient propres était dans le cas de tarir la source de beaucoup d'autres produits, de nuire à des intérêts du premier ordre [1], dès-lors on

---

[1] M. le comte d'Argout, Chambre des pairs; séance du 7 Juillet 1829.

perdrait de vue cette pensée qui réclame *répar-tition de l'impôt proportionnellement aux fa-cultés individuelles, pondération des différentes masses d'intérêts dans cette répartition, mo-dération de l'impôt et choix judicieux de la matière imposable.* [1]

Ces observations nous amènent plus spéciale-ment à présenter les raisonnemens suivans.

CHAPITRE VIII.

Des matières premières venant de l'étranger.

« Nous fabriquons à plus haut prix que les
« Belges, les Allemands et la Suisse.........; les
« denrées, les loyers sont moins chers dans leur
« pays; on paie moins d'impôts; l'ouvrier y a
« probablement moins de besoins et en résultat
« la main-d'œuvre y est à meilleur marché. [2] »

Des considérations du plus haut intérêt res-sortent de ces réflexions : il faut nécessairement que les denrées, les loyers, la main-d'œuvre

---

1 M. de Berbis, député : séance du 29 Mai 1829; Rapport sur la loi des recettes.

2 M. Prosper de Launay, député ; séance du 20 Juin 1829.

tombent de valeur et de prix en France, afin que les produits de notre industrie n'aient plus à redouter une concurrence étrangère qui leur soit funeste; il faut même qu'un autre ordre de choses nous mette dans la situation de ne pas craindre cette concurrence sur les marchés étrangers.

Si les Belges, les Allemands, les Suisses sont mieux nourris que les habitans de la France et à plus bas prix, le Gouvernement doit aviser aux moyens de rendre les denrées le moins chères possible.

§. 1.er *Des bestiaux étrangers.*

Depuis quelques années une controverse assez animée partage les meilleurs esprits sur la convenance, ou le préjudice des nouveaux droits exigés à l'entrée des bestiaux étrangers, en France.

Ces droits excitent de vives réclamations et des mécontentemens qui *s'étendent sur une portion notable de nos provinces et au-delà de nos frontières.*

Avant cette augmentation de droits, nos rapports commerciaux avec la Franconie, le Wurtemberg, d'autres contrées de l'Allemagne, etc., nous étaient très-profitables. Ces États étaient habitués à nos vins, à nos eaux-de-vie, aux différens produits de notre industrie. On les leur expédiait sans presque payer de droits à l'entrée de leur pays ; notre commerce y passait, y transitait librement : aujourd'hui ils opposent barrières à barrières.

Est-il prudent, est-il conforme à nos intérêts de persister dans des mesures hostiles, particulièrement en ce qui concerne les bestiaux étrangers? ne serait-il pas préférable de descendre à un droit modéré sur ces bestiaux? cette libéralité de principes ne serait-elle pas le moyen le plus propre pour rétablir des relations qui naguères nous étaient si utiles ?

On avait cru, avant que les nouveaux droits d'entrée sur les bestiaux eussent été ordonnés (ce qui n'a lieu que depuis quelques années seulement), que, s'il était juste d'accorder un avantage aux propriétaires, aux nourrisseurs de bestiaux du royaume, cet avantage, ou un droit d'importation sur les bestiaux étrangers, ne devait être qu'un encouragement et nullement un privilége exclusif : il s'agit d'un objet de première nécessité, et l'abondance, comme la concurrence, devait être encouragée. Avant tout, que l'approvisionnement le plus large des consommateurs soit assuré. En est-il ainsi depuis que les droits d'entrée sont devenus exorbitans?

La suppression totale de ces droits tournerait à la vérité au détriment de la France, en nécessitant une baisse forcée et considérable dans le prix des fermages ; en mettant le revenu des terres hors de proportion avec l'impôt : aussi une telle suppression est loin de notre pensée.

Mais il est à considérer que l'exagération des droits actuels d'entrée fait renchérir le prix de la viande pour les consommateurs, sans espoir d'une hausse proportionnée dans le prix de nos bestiaux.

Nous possédons tout au plus la dixième partie de ceux que nous pourrions nourrir : le tiers seulement de la population en consomme ; les habitans de la campagne, pour la plupart, ne mangent pas de viande, parce qu'elle est trop chère ; et c'est dans cette situation des choses qu'on repousse, pour ainsi dire, les bestiaux étrangers ! Qu'en résulte-t-il ? Que nos voisins regardent cette mesure comme une attaque et sont hostiles à leur tour.

Voici où en sont les choses, et il faut les prendre au point où elles se trouvent. La question n'est plus une question simple, renfermée dans un seul article, celui des bestiaux ; il s'agit de nos vins, de nos eaux-de-vie, de nos draperies, de nos soieries, de cent autres objets produits par notre sol, ou élaborés par nos fabriques. Il est essentiel d'en ménager la sortie par une réciprocité d'égards : c'est là le point de la difficulté.

Il convient de placer en présence les uns des autres et sur un même plan les intérêts différens pour les envisager ensemble, afin de n'accorder à chacun qu'un degré de faveur égal et proportionnel. La moindre préférence rompt aussitôt l'équilibre.

La vente amène l'achat, a dit M. le comte d'Argout, dans son rapport sur la dernière enquête. Ce principe doit recevoir ici toute son application.

L'exportation de nos vins, de nos eaux-de-vie, de nos produits industriels excédant les besoins de notre consommation, devrait être plus considérable qu'autrefois. Si cette exportation est stationnaire, ou rétrograde, la législation doit réparer ce dommage ; car elle en serait la cause.

Nous reconnaissons qu'il faut accorder encouragement aux propriétaires et aux nourrisseurs de bestiaux, en écartant les effets d'une concurrence nuisible et en assurant aux efforts de nos agriculteurs une protection à l'abri de laquelle, sans trop compromettre les intérêts des consommateurs, ils puissent améliorer, à l'exemple des peuples étrangers qui nous ont devancés dans

cette carrière, les moyens d'engrais et de multiplication du bétail. De l'abondance de ce bétail
peut provenir l'abondance de la nourriture qui
lui est propre, et de l'abondance de ses engrais
résulte la récolte d'une plus grande quantité de
grains. De bons pâturages, les prairies artifi-
cielles, les turneps, les tourteaux de navette, le
maïs ou blé de Turquie en herbe et en lait, les
grains distillés, le sel qui serait d'ailleurs si utile
à la culture des terres; tels sont les moyens employés par nos voisins. Certes il n'est pas difficile
de les imiter! Tout leur secret, ou plutôt leur
succès est dans l'expérience des procédés que
nous indiquons. Pour en faire usage, est-il nécessaire d'obtenir une prime, de réclamer un
droit d'entrée presque prohibitif?

En déduisant les vaches laitières et conservées
pour la reproduction, les bœufs pour la culture,
l'étranger ne nous fournit, à peu près, que le
vingtième des bestiaux destinés à la boucherie.

Les consommateurs, et surtout les consommateurs nécessiteux, ne sont-ils pas dignes d'une
équitable et paternelle sollicitude?

*La vraie prospérité est la prospérité du plus
grand nombre.*

Les Belges, les Allemands, les Suisses, etc.,
sont mieux nourris et à meilleur marché que les
habitans de la France!!

Un droit d'entrée doit protéger la production, la multiplication de nos bestiaux ; ce droit modéré, comparativement à celui qui est aujourd'hui en vigueur, serait suffisant.

A la taxe perçue à l'entrée du royaume, il faut ajouter la prime que les distances du point de départ et les risques du voyage, de la conduite établissent déjà au détriment du cultivateur étranger.

Tous ces calculs sont autant d'avantages réels pour notre agriculture : l'émulation, une sage concurrence seraient le premier élément, l'agent le plus actif de sa prospérité.

Nous aurons occasion de revenir sur la proposition et sur la possibilité d'employer le sel dans la nourriture des bestiaux.

La question qui nous occupe en ce moment est très-grave. Peut-être n'aurait-on pas dû ne l'envisager que comme relative aux exigeances de telle ou de telle province, en opposition aux intérêts de telles autres. Examinée sous son vrai point de vue, elle embrasse les intérêts généraux de la population de la France entière. Dès-lors l'approvisionnement, le bon marché des bestiaux pour la consommation de toute la France cesse d'être une question de simple localité.

Le vœu de la poule au pot que le bon roi Henri voulait procurer à chacun de ses sujets,

était en même temps aussi paternel que profondément inspiré. [1]

§. 2. *Des matières à ouvrer.*

Nous divisons en deux classes les matières
premières, ou à ouvrer, nécessaires à notre
commerce intérieur, à nos fabriques, et que
nous recevons de l'étranger : 1.° celles qui nous
manquent absolument ; 2.° celles qui ont des
analogues en France.

Nous croyons que le Gouvernement ne peut
trop encourager l'importation des premières, et
que, si quelques-unes d'entre elles sont passibles
d'un droit, il doit être très-modique. [2]

Peut-être que des matières à ouvrer de la
deuxième classe pourraient supporter, relativement, un droit plus élevé.

Il est une considération qui ne peut être trop
méditée. M. Prosper de Launay, député, a fait
la remarque[3], *que nous fabriquons à plus haut
prix que d'autres nations : que les denrées, les*

---

1 Séances de la Chambre des députés des 29 Juin 1822 et
22 Mai 1829, où MM. Delaborde, Chauvelin, Bignon, Cabanon, Demarçay, Caqueray, Charles Dupin, etc., et M. de
Saint-Cricq, commissaire du Roi, ont discouru sur cette question.

2 On conçoit qu'il ne s'agit pas des denrées coloniales proprement dites; sucre brut, etc.

3 Séance du 20 Juin 1829.

loyers, la main-d'œuvre, y sont moins chers que chez nous.

Si nous excellons dans plusieurs branches d'industrie, pour d'autres les étrangers, les Anglais surtout, nous surpassent et leurs marchandises sont à meilleur marché que les nôtres.

Il est donc de l'intérêt de nos fabriques et de nos manufactures que les matières premières, qu'elles tirent de l'étranger, leur parviennent à bas prix, sans surcharge de droits trop forts à l'entrée du royaume ; de manière que ces fabriques aient moins à redouter la concurrence des autres peuples à l'égard de nos marchandises confectionnées, soit sur le marché intérieur, soit sur le marché étranger par suite de nos exportations.

Plus les matières premières sont à bon compte plus les objets fabriqués reviennent à meilleur marché ; le bas prix de ceux-ci détermine toujours la vente et multiplie par conséquent les occasions de travail. [1]

Et d'ailleurs les réglemens qui concernent les droits de consommation proprement dite (ce que nous chercherons à démontrer dans les chapitres relatifs à ces droits [2]) ne peuvent être

---

1 M. Ternaux, député; séance du 1.er Juillet 1822.
2 Voyez chapitres 14 et 15.

d'accord avec les tarifs des douanes, pour la prospérité réelle du pays, qu'autant que ceux-ci
agissent avec modération et libéralité envers les
matières premières, à leur entrée en France.

Un droit payé à l'extrême frontière, sur une
matière première, est une addition au prix de
cette matière à ouvrer, une avance imposée au
fabricant, dont il ne peut obtenir le remboursement qu'à l'instant où il livre sa marchandise
à la consommation. Or cette avance qui rend
son capital improductif pendant plusieurs mois,
plusieurs années, le gêne plus ou moins; en un
mot, nuit au travail, et c'est le plus préjudiciable inconvénient.

§. 3. *Cotons en laine.*

Tout a été dit, nous le pensons, sur le dommage qu'éprouve le commerce intérieur des
droits dont les cotons en laine sont frappés à
l'entrée du royaume; nos fabriques en ont besoin : cette branche d'industrie est une des plus
importantes de France.

S'il est vrai, et nous ne pouvons en douter, que,
par le bas prix de son combustible, la perfection
de ses machines à vapeur, de ses mécaniques à
filer, à tisser, etc., l'Angleterre puisse établir à
un taux moindre qu'en France, tous les tissus

de coton ; et que la même quantité en même qualité de tissus qui coûte cent millions, provenant de fabriques françaises , puisse être obtenue pour quatre-vingts millions et moins encore, en la tirant d'Angleterre, ne sommes-nous pas fondés à insister pour que la matière première, le coton en laine, soit, à peu près, libérée de droits à l'entrée ?

Il devrait en être de même en faveur d'autres matières à ouvrer. Ne serait-ce pas servir le commerce de nos rivaux, que de persévérer dans une mesure contraire ?

Il ne faut pas oublier que les Anglais favorisent l'entrée des matières premières qui leur manquent, et qu'ils paient les cotons en laine, etc., en articles manufacturés ; qu'ainsi leur bénéfice en est d'autant plus grand.

Notre main-d'œuvre se ressent infailliblement de l'addition à la valeur primitive, par un droit quelconque exigé sur les matières premières; ce qui affecte péniblement la classe ouvrière et l'empêche de pourvoir abondamment à ses besoins de consommation.

Les droits actuels sur les bestiaux étrangers, sur les cotons en laine, etc., peuvent avoir paralysé la rentrée, pour une somme considérable, d'un autre impôt indirect, celui des boissons, etc.; *car toutes les consommations se lient.*

Des produits industriels, plutôt que les élémens du travail, peuvent supporter des taxes.

Nous soumettons ces réflexions, ou les conséquences de ce rapprochement entre deux branches de contributions indirectes, à l'examen, aux méditations des hommes d'État appelés à en combiner l'action. Eux seuls peuvent éclaircir les doutes et faire prévaloir le principe qui doit être adopté.

§. 4. *Des fers étrangers.*

Cette question vient d'être soigneusement examinée par la commission d'enquête : les différens intérêts y ont comparu. Les procès-verbaux et le rapport de M. le baron Pasquier, pair de France, doivent être consultés. On est fondé à espérer que la discussion devant les chambres législatives amènera enfin une détermination qui sera sanctionnée par l'assentiment général.

§. 5. *Des laines étrangères.*

On devrait demander et il est à désirer qu'on obtienne une semblable information sur les laines étrangères.

Cette question n'est rien moins que résolue dans l'opinion. Le Gouvernement doit protection à l'agriculture, à la propagation de nos troupeaux à laine : il nous faut des laines communes pour les couvertures, les étoffes à l'usage du peuple ; il faut des laines fines à nos manufactures pour les draps de qualité supérieure vendus dans l'intérieur, ou exportés. Si les laines communes ne sont pas en abondance et en proportion des besoins, si celles de l'étranger doivent payer un trop fort droit à l'entrée du royaume, ce droit, bien loin de favoriser notre agriculture, lui devient funeste, parce que le prix élevé de la marchandise (ce qui en est la conséquence) fait porter la consommation, de préférence, sur les couvertures et sur les étoffes de coton qui sont à meilleur marché, au détriment des fabriques en laine.

Si l'on donne, par le droit d'entrée, plus de valeur à la laine commune, le cultivateur français abandonnera l'éducation des mérinos pour n'élever que des animaux communs. Il le fera avec d'autant plus d'empressement qu'il trouvera plus de produit dans la vente de ces animaux à la boucherie.

« En refoulant vers sa source la matière pre-
« mière qui chez nous alimenterait le travail,
« nous avons forcément transporté ce travail à
« l'étranger. Le droit immodéré de trente-trois
« pour cent mis sur les laines d'Espagne, en

« leur fermant nos marchés, les a fait descendre
« à assez bas prix pour tripler les bénéfices
« des fabricans de la Catalogne, du royaume de
« Valence, d'Alcoy, de Ségovie et d'Azéjar, dont
« les manufactures ont fait d'immenses progrès.
« Elles ont pris un tel essor que le roi d'Es-
« pagne a pu, sans inconvénient, quadrupler les
« droits sur les draperies françaises : ainsi le ré-
« sultat du tarif a été d'anéantir nos exportations
« d'étoffes de laine dans ce pays, et de lui ré-
« véler un secret de prospérité qu'il pouvait
« encore ignorer long-temps. Il en est à peu
« près de même en Allemagne, en Russie, et
« il paraît avéré que nos exportations en étoffes
« de laine, qui *autrefois s'élevaient à* 5o *et* 6o
« *millions par an, et laissaient en France au*
« *moins* 25 *millions de main-d'œuvre ou de*
« *bénéfices*, sont descendues, malgré les efforts
« de l'industrie, malgré des prodiges de perfec-
« tionnement, à 3o millions seulement en 1826,
« à 24 en 1827, 20 environ en 1828! Notre
« perte ne se borne pas à 15, ou 20 millions de
« main-d'œuvre sur une seule branche d'indus-
« trie ; elle se reproduit sous bien d'autres formes
« et s'aggrave par mille contre-coups. Ces 20 mil-
« lions gagnés par l'ouvrier, se fussent échangés
« contre du blé, du vin, des produits agricoles
« et manufacturés : ainsi ils sont perdus pour la

« consommation intérieure ; ainsi l'agriculture
« et bien d'autres industries ressentent la perte
« faite par une seule !

« Le fisc lui-même, par la diminution de l'im-
« pôt indirect qu'aurait produit cette consom-
« mation , *perd une somme bien supérieure*
« *aux produits des droits d'entrée sur les lai-*
« *nes étrangères.* Dès-lors le *Drawbach* , ou
« prime de sortie tombe en pure perte à la
« charge de l'État; d'ailleurs, cette restitution
« est trop faible..........[1] »

Il en est des laines comme des bestiaux étrangers ; les droits d'entrée ont été forcés, exagérés,
et l'on nous rend guerre pour guerre. Cette exagération est surtout préjudiciable au commerce
intérieur. Le consommateur, quand il le peut,
achète ce dont il a besoin , mais au meilleur
marché possible : il préférera donc les couvertures, les étoffes de coton, *dont la matière pre-*
mière est exclusivement exotique, aux couvertures et aux étoffes de laine , *dont la matière*
première est en majeure partie produit indi-
gène , parce que celles-ci sont à un prix supé-
rieur. Si ce même consommateur est du nombre
des ouvriers que le fabricant en draps de laine

---

[1] M. Ternaux, député; séance du 3 Juin 1829.

n'occupe plus (des débouchés faciles et avantageux dans l'intérieux et à l'étranger n'étant plus
ouverts), cet ouvrier n'achètera rien, ou que très-
peu, car il a cessé d'être producteur ; ou, ce qui
est la même chose, le défaut de travail lui ôte
les moyens de pourvoir à son entretien et à celui
de sa famille. [1]

Peut-être, avec les fers, aucune question n'é-
tait plus importante à discuter en commission
d'enquête, que celle des laines. Nous ne pouvons
oublier qu'il y a peu d'années nos étoffes en laine
étaient recherchées sur les marchés des deux
mondes et n'y redoutaient aucune concurrence.
Il faudrait entendre, sur les lieux, les fabricans
ou les manufacturiers de Sedan, Rheims, Lou-
viers, Nancy, Paris, etc. ; ils sont à même de
donner d'utiles et de précieux renseignemens.

---

1 Il est essentiel de se reporter aux débats qui ont eu lieu
à la Chambre des députés, séances des 1.er Juillet 1822 et 3
Juin 1829. MM. de Puyvallée, Duvergier de Hauranne, Siricys
de Marynbac, Cabanon, Jaubert, Mestadier, de Saint-Cricq,
commissaire du Roi ; Ternaux, y ont fait valoir chacun son
opinion.

CHAPITRE IX.

Des prohibitions à l'entrée.

« Quand on cherche des principes qui puissent
« être utilement invoqués en présence des faits
« et de leurs conséquences, il ne faut pas les
« aller chercher dans un système absolu; car il
« n'en existe aucun qui soit applicable nulle part.
« Celui des prohibitions, supposé complet, iso-
« lerait chaque peuple et n'admettrait aucun
« commerce; celui de la liberté indéfinie opére-
« rait la destruction d'une foule d'industries in-
« troduites à grands frais, et qui ne sauraient
« subsister qu'avec l'aide d'une protection; mais
« cette protection, bien qu'on la reconnaisse
« nécessaire, ne doit pas dégénérer dans un sys-
« tème absolu et en quelque sorte indéfini qui
« se prêterait à toutes les exigéances, et favori-
« serait ainsi des entreprises légèrement, témé-
« rairement conçues, ou ne se rattachant qu'à
« des vues d'un intérêt trop resserré. Quand on
« protège, il faut d'abord examiner soigneuse-
« ment à qui ce secours est accordé, et ensuite,
« jusqu'où il convient de le porter. Une fois
« placé sur ce terrain, il n'est peut-être pas im-
« possible de rencontrer quelques règles, sinon

« positives et rigoureuses, du moins le plus sou-
« vent applicables : ainsi, on pourrait établir que
« tout ce que le sol et le climat accordent et
« permettent d'eux-mêmes, doit être cultivé, en-
« couragé et protégé de préférence ; que pour
« tout ce qui ne peut être nationalisé sans obs-
« tacles sérieux, avec grand profit pour la for-
« tune publique et privée, on doit en aider la
« translation par une protection plus ou moins
« prolongée, mais dont il est à désirer que le
« terme soit entrevu, s'il ne peut être formel-
« lement prévu..........

« L'état actuel de l'industrie française ne per-
« met pas de lui retirer la protection, sous la-
« quelle elle a vécu, grandi et prospéré jusqu'à
« ce jour, et sans laquelle il serait à craindre
« que plusieurs de ses portions les plus impor-
« tantes ne vinssent bientôt à s'écrouler, ou
« n'atteignissent pas le développement dont elles
« sont susceptibles. Mais ce n'est pas à dire pour
« cela que la mesure de la protection actuelle
« ne doive être soigneusement étudiée et qu'elle
« ne dût être diminuée, si elle avait pour con-
« séquence, aux taux où elle existe, d'élever le
« prix de la denrée ou de la marchandise au-de-
« là de ce qui est nécessaire pour assurer une
« fabrication suffisamment profitable ; de l'élever,
« par conséquent, sans nulle compensation et

« au détriment des consommateurs.......... On
« est arrivé à reconnaître que dans l'état de l'in-
« dustrie en France et en présence de la quan-
« tité d'intérêts qui s'y trouvaient engagés et
« qui pouvaient exercer une si grande influence
« sur la prospérité générale du pays , il fallait
« s'en tenir à un système raisonné de protection,
« ce qui suppose , d'une part , la nécessité de
« protéger efficacement le travail du pays , et de
« l'autre, le devoir d'étudier soigneusement, pour
« chaque industrie, la quotité de la protection
« nécessaire en présence des dommages qu'une
« protection excessive , accordée à certaines
« industries , pourrait faire peser sur les con-
« sommateurs et sur d'autres industries elles-
« mêmes. [1] »

Les principes énoncés par le noble pair indiquent les justes mesures de protection que
l'industrie du pays est dans le cas de réclamer.
On doit lever les prohibitions aussitôt qu'elles
ne sont plus indispensables, et les remplacer par
des droits d'entrée prudemment pondérés.

Si nous portons notre attention sur les pro-

---

[1] M. le baron Pasquier, pair de France : Rapport à la commission d'enquête, pages 5, 6, 7 et 8.

grès de notre industrie, nous remarquons, avec satisfaction, que notre commerce n'aurait point à redouter la concurrence étrangère pour la draperie fine et légère, les soieries, l'orfèvrerie, la bijouterie, l'horlogerie, les bronzes dorés, etc.; que le goût, l'élégance des formes ou du dessin de ces marchandises, doivent les faire rechercher sur les marchés d'Europe et des autres parties du monde.

De là la conséquence que, de fait, nous n'avons pas à nous opposer à la consommation, chez nous, des marchandises analogues des autres nations, puisque ces dernières auraient à payer un droit à l'entrée du royaume, à supporter des frais de transport, et qu'avec cette addition à la valeur de la chose, il n'y aurait point de chance inquiétante pour notre propre travail dans l'intérêt du spéculateur. [1]

L'essentiel serait de connaître la valeur réelle de chacune de ces espèces de marchandises à l'étranger; si elles y sont à plus bas prix que chez nous, ou à prix égal, de calculer le droit d'importation en sorte que, tout compensé, le producteur français de marchandises similaires,

______

[1] M. le comte Chaptal, pair de France, sur l'industrie française.

eût, au moyen des droits, une prime, un avantage tel qu'aucun trouble, aucun préjudice ne
pût être apporté à notre main-d'œuvre.

L'introduction de quelques objets, en grande
partie destinés aux classes riches, mettrait sous
les yeux des fabricans des modèles nouveaux qui
contribueraient à épurer encore le goût des
ouvriers.

Le coton filé destiné aux fabriques de mous-
seline, de tulle de Tarare et de Saint-Quentin,
les montres étrangères, les cachemires, etc., ne
sont pas arrêtés dans leur introduction. Il vaudrait mieux, sans doute, les frapper d'un droit
équivalent à la prime qu'exigent les compagnies
de fraudeurs, que de favoriser la contrebande
par une prohibition sans effet.

Les filateurs français, excités par le mouvement de l'industrie, sont parvenus depuis plusieurs années à produire des numéros de coton
filé plus élevés qu'autrefois; mais il faut bien
reconnaître que ces numéros sont encore insuffisans pour la fabrication des beaux tissus de
mousselines fines et surtout des tulles. Cela est
si vrai pour la fabrique de Tarare, et les incon-
véniens de la prohibition sont tels que le Gouvernement, qui les a bien compris, a toléré et
tolère l'introduction et l'emploi de cotons filés

étrangers dans la ville où est située cette fabrique. [1]

« Toute prohibition non nécessaire est un
« mal; certaines prohibitions peuvent être in-
« dispensables; la protection résultant des taxes
« est habituellement préférable à celle résultant
« des prohibitions formelles. [2] »

CHAPITRE X.

Des exportations.

Les hommes d'État qui successivement ont
présidé aux destinées de la France, ont tous
reconnu qu'il importe à sa prospérité que le
superflu de nos denrées, surtout de celles qui
sont privilégiées à notre sol, que la surabondance des produits de notre industrie puissent
être accueillis sur les marchés étrangers, comme
autant de moyens féconds et puissans pour faciliter nos rapports commerciaux, nos échanges
avec les autres peuples. Ainsi il est à désirer

1 MM. Jars et Humblot-Conté, députés; séance du 20 Juin
1829.

2 Exposé du ministre du commerce et des manufactures;
séance de la Chambre des députés du 21 Mai 1829.

que nos exportations ne subissent que des droits très-modérés à la sortie du royaume, particulièrement nos vins, nos eaux-de-vie, etc.

CHAPITRE XI.

Des entrepôts dans l'intérieur.

Les tarifs ajoutent une surcharge au prix des choses commerçables; ils ne doivent les atteindre que le plus près possible de la consommation.

Le commerce intermédiaire est une des sources vivifiantes d'un pays, et l'une des plus sûres garanties de la prospérité de ses relations avec l'étranger.

L'institution d'entrepôts réels de produits étrangers, dans l'intérieur du royaume, à Paris et en d'autres villes considérables, paraît être la conséquence de ces principes.

Ce serait un délai accordé aux propriétaires, ou consignataires, pour donner une destination définitive aux marchandises, en les livrant, dans un temps prescrit, à la consommation, ou en les faisant réexporter.

Les négocians des ports sont propriétaires

des marchandises , ou seulement commission-
naires.

Quand ils ne sont que les correspondans, les
agens des propriétaires ou consignataires de l'intérieur, ceux-ci ont un intérêt direct au mouvement de leurs propres marchandises; il importe
qu'elles soient, pour ainsi dire, à leur disposition
immédiate. S'il survient une hausse, ou une baisse
dans les prix, le propriétaire de l'intérieur doit
être mis à même de prendre , à l'instant, une
résolution, et cette résolution est rarement bonne
lorsqu'il s'écoule un délai plus ou moins long,
pour donner des instructions au négociant du
port de mer qui a soigné l'arrivée en France
de la marchandise objet de la spéculation.

On ne serait pas obligé de constituer des ban-
quiers dans un port, de leur ouvrir un crédit
plus ou moins limité , même avec les chances
incertaines de garantie suffisante, pour acquitter
les droits de douane.

Les armateurs propriétaires ou consignataires
des ports conserveraient la construction, l'arme-
ment et l'avitaillement des navires français, le
prix du fret, une grande partie des assurances,
les bénéfices de la relâche des navires étrangers,
le plus fort intérêt dans les opérations lointaines,
la commission pour tout ce qui serait au compte
des négocians de l'intérieur , le commerce de

réexportation et une grande part dans celui du transit. [1]

Les ports gagneraient au nouvel ordre de choses, en ce sens, qu'il ne s'agirait pas seulement, comme on le fait aujourd'hui en majeure partie, de vider les entrepôts que remplit le commerce extérieur, pour vendre à Paris ou en d'autres villes du royaume des *denrées acquittées ;* mais d'expédier en outre et *par suite d'entrepôts* d'autres marchandises, dont l'emploi définitif ne serait pas encore arrêté dans les projets du spéculateur. Le consignataire intermédiaire aurait le loisir de livrer ces dernières marchandises à la consommation locale, sous l'acquittement immédiat des droits et dans un rayon plus ou moins rétréci de la circonférence commerciale du pays, ou de les faire réexporter. [2]

Cette alternative multiplierait les commandes sans danger. Les deux canaux restant ouverts, il n'y aurait plus une seule destination forcée, on n'aurait pas à subir la loi du consommateur ; car un produit acquiert et conserve d'autant plus de valeur qu'il peut être appliqué à un plus grand nombre d'usages. [3]

---

[1] M. D. L. Rodet.
[2] Le même.
[3] Le même.

Dès-lors, les bases des opérations du commerce maritime, de l'intérieur et pour l'étranger, deviendraient beaucoup plus larges ; et les ports de mer, multipliant leurs communications en France par l'entremise des entrepôts, pour la vente des marchandises, libres encore de la surcharge des droits, cesseraient de se voir réduits, comme à présent, à l'approvisionnement d'un arrondissement particulier du royaume. [1]

C'est-à-dire, qu'en instituant des entrepôts réels dans l'intérieur, il ne s'agirait aucunement d'imposer des sacrifices aux ports de mer ; mais de leur assurer de nouveaux, de plus grands bénéfices, dont ils seraient les dispensateurs, en en faisant jouir, secondairement, les villes de l'intérieur qui auraient ces entrepôts.

Nous avons cru devoir indiquer les avantages d'entrepôts réels dans l'intérieur, non-seulement pour Paris, mais pour d'autres villes considérables ; parce qu'il ne peut être que très-utile à la prospérité du royaume, à la sécurité de chacun, que le commerce s'étende partout où les capitaux, le crédit et l'industrie peuvent offrir des alimens à son activité.

M. Huskisson disait à la chambre des communes en Angleterre :

---

[1] M. D. L. Rodet.

« Toutes les fois que vous ouvrez une libre
« carrière au capital, à l'industrie, à l'intelli-
« gence active et à l'esprit d'entreprise qui ca-
« ractérise d'une manière si forte les temps
« actuels, c'est, dans le fait, ouvrir de nouvelles
« routes aux spéculations et faciliter l'échange
« des productions des diverses parties de la
« terre. »

On ne doit donc pas se borner à dire, sur la question des entrepôts intérieurs : *les ports sont opposés à cette mesure, convertissez les ports............*

Les ports, au contraire, la France entière, doivent désirer qu'on établisse des entrepôts intérieurs ; car le commerce maritime et celui de l'intérieur y gagneraient, surtout le premier.

Les entrepôts réels dans l'intérieur donneraient aux transits l'étendue que les intérêts des ports de mer et de toute la France réclament.

CHAPITRE XII.

Des transits.

« Le transit, a dit un de nos publicistes, est
« le mode le plus avantageux pour la revente
« des produits étrangers importés en France. Le
« transit, outre le prix de l'objet vendu, laisse
« à la France le bénéfice des frais, des commis-
« sions et de la voiture jusqu'à la frontière.
« Opéré par le roulage, il entraîne la consom-
« mation des denrées du sol sur tous les points
« qu'il traverse, répand le numéraire au sein
« même des campagnes, et porte la vie dans les
« lieux dépourvus de toute industrie.

« Le transit par eau assure à nos rivières et
« aux canaux des produits supérieurs à ce que
« l'on peut attendre du simple transport des
« denrées du sol ; il peut aider puissamment à
« l'amélioration de nos fleuves et à la confection
« des branches secondaires de canalisation, qui
« doivent ouvrir, un jour, à tous les cantons
« de la France des communications faciles et peu
« coûteuses.

« Tout ce qui tend à le favoriser, doit appeler
« l'attention du Gouvernement............
« Les habitans de la Suisse, du grand-duché

« de Bade, de la Souabe, de la Bavière, de la
« Franconie, de la Prusse rhénane, privés de
« ports maritimes, sont obligés de se servir des
« ports de leurs voisins, pour faire arriver les
« denrées d'outre-mer qu'ils consomment. Le
« désavantage de leur situation les empêche de
« prendre part au commerce maritime, et ils
« se bornent à acheter des peuples navigateurs
« ce que ceux-ci sont allés chercher à la source.
« Le commerce se dirige suivant les convenan-
« ces, soit sur les Pays-Bas, soit sur la France. [1] »

« Quelques préoccupations avaient jusqu'ici
« beaucoup fait restreindre le transit. L'intérêt
« de nos armemens, l'activité de nos transports,
« un besoin général de multiplier et d'étendre
« nos rapports extérieurs; de hautes considéra-
« tions de bon voisinage, réclament son déve-
« loppement; la force, la bonne direction de
« nos douanes le permet. [2] »

Les entrepôts dans l'intérieur, tels qu'on les
demande, seraient la conséquence du principe
déjà reconnu d'une plus grande extension à
donner aux transits.

---

1 M. D. L. Rodet.

2 Exposé de M. le ministre du commerce et des manufactures;
séance de la Chambre des députés du 21 Mai 1829.

La création d'un marché nouveau, avancé dans l'intérieur des terres, d'entrepôts réels intermédiaires, attirerait les regards des étrangers ; les entrepôts intérieurs mettraient à leur disposition les marchandises déjà conduites au tiers, à la moitié, aux deux tiers du chemin qui mène aux frontières, ou à proximité de ces frontières[1]. Nos ports de mer auraient une suite, une continuation de leur commerce, et le transit de fréquentes stations. Il serait fructueux sur tous les points de communication qu'il aurait à parcourir, et l'on ne verrait plus, à notre grand désavantage, les vaisseaux d'Anvers, entre autres, venir quelquefois au Hâvre, chercher des denrées coloniales étrangères pour les revendre en Allemagne ; nous priver ainsi des bénéfices de commission, des frais de route pour le transport à travers la France.[2] Ce fait, bien constaté, dispense de toute autre explication, pour prouver l'utilité d'entrepôts réels dans l'intérieur et des transits qui doivent les approvisionner.

---

1 Paris, Lyon, Lille, Metz, Strasbourg, Besançon......
2 M. D. L. Rodet.

CHAPITRE XIII.

Transit des marchandises prohibées.

L'Administration a des moyens pour empêcher l'abus du transit des marchandises prohibées ou non prohibées à l'entrée du royaume.

Des soumissions, pour payer le double de la valeur de ces mêmes marchandises, de fortes amendes, etc. ; des précautions pour assurer l'identité, précautions que l'expérience indique, d'après la nature même de la marchandise ; le plombage apposé avec soin au bureau de départ, vérifié, avec scrupule, au bureau de destination : ces garanties doivent dissiper toute inquiétude et prémunissent contre la fraude. Celle-ci ne trouverait pas son compte dans des entrepôts réels intérieurs et à l'aide de transits qui n'auraient d'effets que sous des engagemens cautionnés, non moins authentiques que sévères.

CHAPITRE XIV.

Des droits de consommation.

L'enregistrement, les douanes, etc., sont des contributions indirectes. On donne spécialement cette dénomination à une autre branche des revenus publics ; *aux impôts sur des objets de consommation.*

Des préventions irréfléchies et injustes existent contre les contributions indirectes en général. Il vaudrait mieux, sans doute, si cette supposition abstraite était admissible, que les propriétaires et les consommateurs ne payassent aucune contribution publique.

Toutefois, membres de la grande famille, que le Gouvernement soutient et défend, nous avons intérêt à assurer notre sécurité, à conserver notre rang élevé parmi les autres États ; et la protection dont nous jouissons, notre existence nationale, ne sauraient être garanties ni maintenues sans le concours des tributs que nous devons au trésor royal.

L'impôt foncier ne peut tout au plus satisfaire qu'au tiers des charges publiques ; les impôts indirects y suppléent pour les deux tiers. [1]

Il est à désirer que ces impôts fournissent les moyens de diminuer la contribution foncière. Celle-ci ne serait que du cinquième des revenus, qu'elle serait encore trop élevée : le produit sur lequel elle est assise, est variable, suivant les vicissitudes des saisons ; il est souvent hypothéqué, ainsi que le fonds, par des créances qui absorbent le tiers ou une partie plus forte encore du capital.

L'impôt foncier ne doit donc varier que pour l'allégement du contribuable, afin de rendre aux propriétés plus de valeur, de procurer au cultivateur une certaine aisance qui le mette à même de créer, de perfectionner les moyens de production et de reproduction.

De là la conséquence que le Gouvernement doit trouver dans les impôts indirects les ressources convenables pour faire face, en majeure partie, aux dépenses générales.

Plusieurs objets de consommation, les produits de l'industrie se renouvelant sans cesse, et sans cesse consommés et renouvelés, peuvent être

---

1 M. le comte de Tournon, pair de France ; séance du 30 Juillet 1829.

taxés de préférence; car alors l'impôt, sagement calculé, est journalier, instantané comme l'emploi de la matière : il peut être aussi facile que divers dans le recouvrement. Chacun y contribue dans la proportion exacte de sa fortune, ou au moins de sa dépense.

Il est de la nature de l'impôt indirect que le consommateur le paie sans s'en apercevoir; que toutes les classes de la population y concourent: le capitaliste le plus opulent, le premier fonctionnaire, comme l'ouvrier du dernier ordre.

Tel, pour qui l'impôt foncier est souvent onéreux, s'acquitte, sans gêne, au milieu de ses habitudes, de l'impôt de consommation; il supporte, à raison de ses facultés, les charges du Gouvernement qui le protège.

Mais si les impôts qui doivent atteindre la consommation et porter sur l'industrie, restreignent l'une, étouffent l'autre, ou l'entravent dans ses développemens; si ces impôts sont imparfaitement combinés, ou mal répartis, ils nuisent au commerce et deviennent funestes à nos vrais intérêts.

Quand l'impôt de consommation proprement dite diminue, au milieu de l'accroissement de la population et des moyens de richesse (lorsque le travail peut recevoir une énergique et féconde impulsion), il ne faut pas croire que cet impôt

soit vicieux en lui-même. Il y a sans doute défaut, insuffisance, ou excès dans son application;
il serait infailliblement productif, même popu-
laire, si le consommateur ne le payait qu'en
proportion de ses moyens, l'ouvrier avec une
légère partie de son salaire. Si l'impôt dépasse
ces bornes, on doit le ramener, par une diminution et par un autre mode de taxe plus large,
au but de son institution.

L'impôt de la consommation s'adresse au travail, à toutes les industries, au marché intérieur;
mais pour protéger et accroître cette même consommation, pour féconder la source où l'impôt
se puise, il est nécessaire que le commerce
avec l'étranger soit l'auxiliaire du marché intérieur, afin de consolider la prospérité de celui-ci.
Cette prospérité est celle de la nation même.

Plus la population est grande, plus il y a d'activité et de profit dans le travail plus la consommation augmente.

Les lois de douanes doivent protéger l'industrie agricole et manufacturière du pays, lui assurer un encouragement efficace, sans apporter
obstacle à l'approvisionnement du consommateur.

Cette protection ne deviendrait que plus po-
sitive, si les matières premières nécessaires au
travail, et que l'industrie est obligée de tirer de

l'étranger, entraient dans le royaume sous l'acquittement de droits très-modérés.[1]

Moins les élémens du travail ont exigé d'avances de là part du fabricant plus ce même travail se multiplie. Le travail a besoin de matières premières, comme des objets de première nécessité, au plus bas prix possible. Plus l'on fournit de ces matières premières à l'ouvrier plus il gagne, plus il dépense et plus la richesse publique s'accroît.

Les différentes branches de contributions indirectes ont de l'affinité entre elles : elles doivent se prêter un mutuel appui, car *toutes les consommations se lient.* S'il y a vice, incohérence, défaut de concours, le pays et le trésor royal en éprouvent de grands préjudices.

La fécondité des moyens de subsistance et d'entretien peut devenir une source abondante d'impôts indirects; ils doivent s'approcher de la consommation immédiate.

Pitt a dit, avec vérité, que ces impôts repompent pour le trésor public les quatre cinquièmes du salaire payé à l'ouvrier par le fabricant.

Trente-deux millions de consommateurs en France; sécurité, garantie et protection pour tous; activité dans les diverses branches d'industrie; productions privilégiées; perfectionnement

---

[1] Chapitre 8, §§. 1, 2, 3, 4 et 5.

dans beaucoup d'objets de main-d'œuvre : que de moyens pour rendre les impôts indirects productifs !

Il faut, pour servir de base à l'impôt, des objets qui soient d'une consommation universelle et journalière. Les boissons fermentées ont toujours paru de nature à subir cet impôt, *dans des proportions modérées*. Si ces proportions sont outrepassées, il n'y a plus d'équitables combinaisons ; la fraude calomnie l'institution, et cette fraude ne tourne ni au profit de la morale ni au profit du trésor royal.

Après le pain et les pommes de terre, ses principaux alimens, le peuple se procure du sel, autant que le salaire de son travail le lui permet ; puis de la viande, du vin, de l'eau-de-vie, du cidre, de la bière et de l'étoffe pour se vêtir : le tout en plus ou moins grande quantité, relativement à ses facultés. Tels sont les premiers objets de la sollicitude du père de famille de la classe ouvrière. S'il paie le sel trop cher, il consomme d'autant moins de viande, de vin, etc., et d'habits. Si, à côté du pain et du sel, il peut acheter de la viande, il faut que celle-ci soit à bon marché ; dans le cas contraire, ce même artisan s'en prive, ou il restreint sa consommation et celle de ses enfans sur d'autres denrées et marchandises.

L'ouvrier n'est économe ni de ses peines ni de son salaire; mais il faut que les impôts soient combinés de manière qu'il puisse se procurer, après le pain, *et avec une égale facilité*, les autres objets de première nécessité.

Si la majeure partie de son salaire est absorbée par le prix du pain, du sel et de la viande; si la taxe du vin, etc., est trop forte, ou il en consomme moins, *ou il ne peut arriver qu'à une faible portion du cuir et des étoffes qui lui sont cependant indispensables.*

L'impôt de consommation ne doit être qu'une légère augmentation à la valeur primitive de la chose. Plus cet impôt est divisé, moins il est onéreux et plus il est profitable au trésor royal.

Ne l'appliquer, hors d'une sage proportion, qu'à peu d'objets de première nécessité, tandis que d'autres d'une utilité secondaire en seraient également passibles, c'est tomber dans une funeste contradiction, c'est manquer le but qu'on s'était proposé, c'est ne s'arrêter qu'à une partie de la question, et ne pas l'embrasser dans toute son étendue; ou, *ce qui est pire, c'est rendre cette question même douteuse dans l'opinion publique.*

En fait de contributions qui se perçoivent au mouvement et au débit, ce sont les employés qui créent les recettes. Basé sur la consommation, le produit est fugitif comme elle; si on ne la saisit à l'heure même, un instant après ce produit n'existe plus.

De là la nécessité de donner aux régies productives les moyens de fortifier et d'encourager leur service actif. Par de faibles déboursés on se procure des rentrées abondantes. [1]

On sait quel bénéfice immense le gouvernement anglais tire des impôts de consommation, quoique la population de la Grande-Bretagne ne soit pas des deux tiers de la nôtre.

Nos taxes, plus modérées qu'en Angleterre, doivent également arriver à un résultat avantageux et beaucoup plus satisfaisant que sous le régime actuel.

Mais les plaintes de nos vignobles sont universelles, répétées et malheureusement fondées. Au dedans, les récoltes s'accumulent; les acheteurs, les consommateurs restreignent de plus en plus leurs demandes. Au dehors, nos vins, production privilégiée, ne sont pas recherchés; on les

---

[1] M. Calmon, député, est parvenu, dans la séance du 7 Juillet 1829, à jeter un grand jour sur la question des frais que nécessite le service des administrations financières. Les explications données par l'orateur ont été d'autant plus satisfaisantes que jusque-là des doutes ou des renseignemens insuffisans n'avaient pu fixer l'opinion à cet égard.

repousse, pour ainsi dire, ou l'expédition reste stationnaire, relativement à la quantité qui en est annuellement exportée.

On en vient jusqu'à regretter *qu'il y ait trop d'abondance dans les récoltes !* Méconnaître ainsi les bienfaits de la Providence, en présence d'un nombre incalculable de consommateurs, c'est se livrer à une vaine déclamation, plutôt que de s'arrêter aux réflexions que dicte la saine raison ; c'est donner bien impolitiquement crédit aux sophismes des personnes qui veulent argumenter sur les causes de la vraie richesse d'une nation ; c'est jeter de la défaveur sur les impôts indirects en général, quoique réellement bons et utiles en eux-mêmes.

Près de la moitié de la population de la France ne consomme pas de vin, parce que l'impôt en augmente trop la valeur primitive, et que certaines formalités pour l'achat et le transport sont gênantes, souvent acerbes. Mieux vaut aviser aux moyens d'approvisionner aisément la population. C'est l'objet et le but de toute bonne législation.

Et d'ailleurs si, au milieu de l'abondance de plusieurs récoltes, les vins ne se vendent point, que serait-ce si les récoltes cessaient d'être productives, et que les vins obtinssent une valeur beaucoup plus élevée ?

Si l'excès des taxes repousse le consommateur, rechercherait-il davantage une denrée lorsqu'à l'impôt, comme il existe, il devrait ajouter un prix double de celui que cette denrée vaut aujourd'hui ?

Il n'y aurait que très-peu de consommation ; on tourne donc dans un cercle vicieux.

Pondération des différentes masses d'intérêts dans la répartition de l'impôt ; modération de cet impôt, surtout sur les objets de première nécessité, et choix judicieux de la matière imposable : tel est le sage précepte que M. de Berbis indique dans son rapport sur la loi des recettes. [1]

---

[1] Séance des députés du 29 Mai 1829.

CHAPITRE XV.

Des droits de consommation sur les boissons.

M. Daunant a fait un rapport[1] sur les nombreuses pétitions adressées à la Chambre des députés contre le régime actuel des boissons. On peut évaluer à 60,000 le nombre des signatures dont ces pétitions étaient revêtues. Celle du département de la Gironde en contenait seule plus de 19,000. Elles étaient parties de presque tous les points du royaume : de l'est, de l'ouest, du centre, du midi. Toutes présentaient les mêmes plaintes, exposaient les mêmes souffrances.

Depuis quelques années, disaient les pétitionnaires, la dépréciation des vins et des eaux-de-vie est dans un état de progression toujours croissante. Il y a plus, les récoltes s'accumulent et rien ne fait prévoir le terme de cette déplorable situation.

Le prix du vin n'est pas le même dans toutes les localités ; toutefois on remarque une sorte d'uniformité qui fait présumer que la gêne est partout à peu près égale. Il est des vins dont le

---

[1] Séance des députés du 18 Avril 1829.

prix ne s'élève pas à 4 francs par hectolitre. En mettant à part ceux qui proviennent de quelques coteaux privilégiés, il en est peu dont le prix s'élève à 9 ou 10 francs. Dans plusieurs localités les frais ne sont plus payés ; dans d'autres ils le sont à peine, et dans un petit nombre des plus heureuses, la vigne donne un revenu qui est loin de pourvoir à la subsistance du cultivateur et au paiement de l'intérêt du capital de la propriété.

Les vins de bonne qualité, même dans les départemens de l'est et du centre, qui approvisionnent Paris, sont pour le moins aussi négligés que les vins médiocres. Les départemens du midi se citent à l'appui de cette assertion. Les récoltes restent dans les celliers sans acheteurs.

Il y a donc une cause qui s'oppose à ce que la consommation ait lieu en raison des besoins réels, et qui écarte toute demande. Cette cause, les pétitionnaires l'ont vue principalement dans la nature et l'énormité des impôts qui frappent les vins et les eaux-de-vie. [1]

---

1 L'impôt des boissons se compose de cinq espèces de droits : 1.° droit de circulation perçu sur les vins destinés à la consommation d'un particulier; 2.° droit d'entrée, qui varie selon la population des villes et la classe dans laquelle le département est compris; 3.° droit de détail perçu sur le pied de 15 pour cent; 4.° droit de licence, payé par les marchands

Ces impôts réunis, en y comprenant ceux qui sont perçus sur les cidres et poirés, et qui n'y entrent que pour une très-faible partie, rapportent au trésor royal un revenu d'environ 95 millions.

En évaluant à 3o millions les droits sur les vins et sur les eaux-de-vie perçus par les octrois des villes, il en résulte que la totalité de l'impôt est de 125 à 13o millions.

Cependant près des trois cinquièmes de l'ensemble des produits échappent à l'impôt par l'exportation, la consommation sur place par les propriétaires, et surtout par la fraude. Ce sont donc sur 4o millions d'hectolitres (qu'on évalue chaque récolte, année commune), 15 à 18 millions tout au plus, qui supportent ces 13o millions d'impôts; et encore cette somme est-elle fort inégalement répartie !

Il est impossible de soutenir, continuaient les pétitionnaires, qu'une masse de droits, qui souvent double, triple, quadruple la valeur primi-

---

en gros et en détail et par les particuliers qui veulent vendre leur vin en détail; 5.º droit du dixième sur les octrois municipaux. Les droits de circulation et de détail ont été remplacés, pour les eaux-de-vie, par un droit fixe de consommation, qui est l'objet de réclamations particulières. On peut joindre à ces droits les frais et *le temps* pour obtenir permis, congés, passavans, acquits à caution, etc., etc.

tive de la chose, n'en arrête pas la consommation.

Assurément une augmentation de 2 , 3 , 4 sous, par litre, n'empêchera pas l'homme riche d'acheter les vins délicats, qui sont toujours d'un prix élevé ; mais l'artisan, l'homme même qui , sans être pauvre, a besoin de tout son revenu pour pourvoir aux dépenses de sa famille, reculera devant celle qui en absorberait une partie considérable, ou du moins la restreindra ; il la reportera vers des objets d'une nécessité plus indispensable. La consommation, pour être abondante , doit être à la portée de toutes les classes ; et celle-ci ne l'est pas.

La consommation a lieu ordinairement presque en raison directe de l'abaissement des droits.

Ainsi à Paris, où ils sont de 21 francs, la consommation n'est que d'un hectolitre par individu. A Nantes , ils sont de 10 francs et la consommation est de 140 litres. A Bordeaux, où ils ne s'élèvent qu'à 8 francs 67 centimes, la consommation est de deux hectolitres par habitant.

Les propriétaires de vignes demandent, non point qu'on les protège, mais qu'on cesse de leur nuire.......

La proportion de la consommation avec la production est rompue[1] ; et si un remède prompt

---

1 M. Gautier, député ; séances des 18 Avril et 13 Juillet 1829.

et efficace n'amène pas le développement de l'une, l'équilibre ne peut se rétablir que par la décrois-sance de l'autre, c'est-à-dire par l'abandon com-plet d'une partie des terrains complantés en vignes et par la ruine de leurs possesseurs. L'intérêt du revenu de l'État, l'intérêt de la puissance publi-que sont profondément engagés dans la question du régime actuel des boissons.

Si les propriétaires de vignes succombent ; si la moitié, le quart seulement des terres, que cette culture met en valeur, est frappé de sté-rilité ; si le travail qu'elle procure au peuple est réduit dans la même proportion, les sources du revenu public et celles de la prospérité de l'in-dustrie et du commerce en seront vivement af-fectées, et tous les intérêts, même ceux qui y semblent le plus étrangers, en souffriront un immense dommage.

La culture des vignes est la ressource princi-pale de tout le midi de la France. Elle est un accessoire important pour la prospérité de plu-sieurs départemens du centre et de l'est. Elle est une véritable manufacture, la plus utile, la plus précieuse de toutes. Aucune n'occupe plus de bras, ne multiplie et ne divise plus les profits, ne féconde davantage le sol le plus ingrat, n'est plus spéciale à notre climat, ne fournit un pro-duit plus universellement nécessaire, plus supé-

rieur en qualité, plus propre à favoriser le développement de nos échanges, plus utile au commerce intérieur et à la navigation.

Ce qu'il s'agit donc aujourd'hui de conserver
ou de laisser périr, c'est la plus féconde de toutes
nos industries ; c'est un produit annuel de plus
de 5oo millions ; c'est un capital d'une énormité
presque incalculable ; c'est enfin le travail, l'ali-
ment, la vie de plusieurs millions de Français,
du sixième de la population du royaume.

La détresse de cette industrie a deux causes :
un impôt accablant sur la consommation intérieure ; le défaut d'un débouché suffisant à l'é-
tranger.

On a objecté que la décadence des vignobles
vient de l'extension de la culture et de la multiplication des produits. Quelle en est la cause ?
L'impôt.

La vigne se plaît dans des terrains montueux,
stériles, et qui ne se prêtent à peu près à aucune autre nature de culture. C'est là qu'elle
donne, pour prix d'un travail pénible et dis-
pendieux, ses produits les plus parfaits ; c'est
là qu'elle porte au triple, au quadruple, au dé-
cuple quelquefois la valeur réelle du sol ; enfin,
ce n'est que là seulement qu'elle était autrefois
cultivée.

Le renchérissement forcé qui résulte de l'exa-

gération de l'impôt, a eu pour effet nécessaire
d'obliger le consommateur à rechercher, aux dé-
pens de la qualité, l'abaissement du prix. Comme
la diminution des frais de production n'est pas
possible dans les vignobles plantés dans des terrains montueux et stériles, ni celle des frais de
transport dans des localités éloignées des grands
centres de consommation, il est devenu profitable, pour de nouveaux producteurs, de com-
planter des terrains fertiles qui produisent davantage et à plus bas prix, et de se placer dans le
voisinage le plus rapproché possible du consommateur.

En conséquence on a planté la vigne dans des
plaines autrefois utilement consacrées à d'autres
cultures, parce que le produit, quoique non
parfait, est plus abondant et obtenu à moins de
frais. On a multiplié, on a disséminé les petites
plantations, parce que le voisinage de la production offre des facilités pour se soustraire au poids
accablant de l'impôt.

L'effet de cet impôt est nécessairement, en
même temps qu'il écrase de plus en plus de son
poids la culture des terres montueuses, stériles
et éloignées, de multiplier celle des terrains fertiles et rapprochés du consommateur.

Dans un temps donné et moins éloigné qu'on
ne le pense, les anciens vignobles seraient tous

abandonnés et les nouveaux s'accroîtraient jusqu'à la concurrence d'une production égale à la
consommation. L'effet que l'impôt aurait amené
au bout de très-peu de temps, serait de frapper
d'une stérilité complète, pour ainsi dire, la plus
grande partie des 1,600,000 hectares occupés
par les anciens vignobles (le vingtième du sol
cultivé en France), qui produisent les vins de
première qualité (à l'exclusion de tout autre
pays), en faveur de terrains de plaine, qui pouvaient être employés à toute autre culture et qui
ne fournissent que du vin très-médiocre.

La contribution foncière est assise sur le revenu imposable, évalué à une époque où les
vignobles n'étaient pas encore tombés dans la
détresse où ils sont aujourd'hui. C'est après avoir
payé plus chèrement que tous les autres producteurs l'impôt territorial, que le propriétaire de
vignes est encore obligé de supporter une taxe
qui s'élève quelquefois à 3oo, et communément
à 1oo pour 1oo de la valeur de la denrée qui
en est l'objet. Car c'est une erreur, dans l'état
actuel des choses, de prétendre que l'impôt porte
sur la consommation.

C'est vrai quand la proportion de la production avec la consommation n'est pas rompue, et
alors le producteur ne se plaint pas.

Ce n'est plus vrai depuis que l'impôt, en exerçant une double action sur les rapports de la consommation avec la production, resserrant l'une et développant l'autre, a détruit l'équilibre qui existait entre elles.

L'impôt est devenu direct, il est devenu foncier et pèse de tout son poids sur les anciens vignobles, parce que leurs possesseurs ne peuvent vendre sans perte qu'à un prix qui, ajouté à l'impôt, élève la valeur du vin au-dessus du taux auquel le consommateur est habituellement disposé à le payer, et auquel il peut l'acheter, pourvu qu'il se résigne à une qualité plus médiocre. La quotité de l'impôt étant invariable, le rabais que la concurrence force le producteur à subir, retombe, tout entier, sur la valeur vénale de la denrée ; et c'est lui qui paie l'impôt.

Lorsque l'impôt indirect cesse de porter exclusivement sur la consommation, il devient la plus révoltante de toutes les injustices, parce qu'il pèse à la fois sur le sol et qu'il viole par conséquent le principe sacré de l'égale répartition des charges publiques.......

Nous avons cru devoir reproduire avec toute la force du raisonnement qui les caractérise, le rapport de M. Daunant et les développemens présentés par M. Gautier.

Aux mêmes séances de la Chambre des députés

des 18 Avril et 13 Juillet 1829, MM. Humblot-Conté, Duvergier de Hauranne, Chateaudouble, Delaborde, de Rambuteau, Beraut, de Burosse, Sirieys de Marynhac, Ravez, Panat, Demarçay, Bataille, Cunin-Gridaine, etc., ont également pris part à cette importante discussion.

Les propriétaires de vignes avaient adressé de semblables pétitions à la Chambre des pairs.

M. le comte Molé et M. le duc de Choiseul en ont fait les rapports.

M. le duc de Cazes a présenté des détails statistiques desquels il résulterait que par le vice des évaluations (qui pour les vignes ont été portées dans le midi jusqu'à quatre fois la valeur des terres) les vignes paient réellement 39 millions de contribution foncière, au lieu de 8 millions 300,000 francs qu'elles devraient payer, dans la proportion des autres terres cultivées, c'est-à-dire le seizième de l'impôt, au lieu du vingt-troisième.

Cette surcharge devient encore plus effrayante lorsqu'on y joint celle qui provient de l'impôt indirect. Des renseignemens établissent que la part des vins, pour ce dernier impôt, est au moins de 125 millions (les octrois compris), lesquels, joints aux 39 millions de la contribution foncière, portent à 164 millions la charge totale des vignobles; ce qui ne donne pas moins de 82 francs par hectare, sur un revenu imposable de 31 francs 50 centimes; tandis que, sur le même revenu, l'impôt des terres ne s'élève pas, en terme moyen, à plus de 4 francs 50 centimes. Ainsi directement ou indirectement les vignes paient en réalité dix-huit fois l'impôt ordinaire des terres. [1]

M. le comte de Tournon, M. le vicomte Lainé ont été entendus dans la même séance sur le régime des boissons. Ils se sont réunis aux nobles rapporteurs et à M. le duc de Cazes pour exprimer le vœu que le Gouvernement daigne venir au secours de l'une de nos plus intéressantes branches d'industrie agricole.

Si les charges publiques sont mal réparties, si elles pèsent plus sur une classe de citoyens que sur une autre, dès-lors elles deviennent insupportables et sont une source de mécontentemens et de plaintes. Il y a plus, elles découragent, et par ce motif elles arrêtent toute amélioration dans les produits et privent le pays d'une partie de ses ressources.

---

[1] Séance de la Chambre des pairs du 9 Mai 1829.

Si l'on considère avec impartialité notre système d'impôts dans son ensemble, l'on ne saurait nier que les bases n'en soient convenables et appropriées au temps où nous vivons, ou, si l'on veut, à notre état de civilisation. Les peuples, comme les individus, ont leur âge différent. Lorsqu'ils sont dans l'enfance, si l'on peut s'exprimer de la sorte, ils n'ont encore ni commerce, ni industrie, ni luxe, et leurs consommations se bornent au strict nécessaire. Alors c'est la terre et ses produits directs qui peuvent et doivent seuls supporter le poids des charges publiques. Lorsqu'ils sont parvenus, au contraire, à la maturité, ou à l'époque dans laquelle ils jouissent de tous les avantages du commerce, de l'industrie et d'une grande consommation, ce n'est plus à la terre ou à ses produits directs à satisfaire seuls à des charges qui s'accroissent en raison du degré de civilisation ; mais le commerce et l'industrie doivent également y concourir, parce qu'ils sont, dans leur genre, comme l'agriculture dans le sien, un moyen de production, et conséquemment de ressources pour l'État.

Il n'y a aucun impôt, quel qu'il soit, qui ne paraisse plus ou moins lourd au contribuable ; mais c'est le bien général, c'est l'intérêt de tous qu'il faut envisager. Si l'on désire des améliorations dans notre système d'impôts, on doit y pro-

céder avec prudence et une sage lenteur, et vou-
loir surtout, dans l'intérêt de la chose publique,
la rentrée des impôts tels qu'ils existent main-
tenant, jusqu'à ce qu'on ait pu y apporter les
modifications et les améliorations dont ils peuvent être susceptibles. [1]

Dans la variété d'industrie, de culture, de
température, qui est un des priviléges de la
France, il pourrait arriver que la rigoureuse
égalité de l'impôt fût accidentellement, par le
hasard des récoltes, une cause d'inégalité relative et conséquemment de dommages pour quelques cantons; qu'une taxe toujours uniforme sur
la même denrée, à côté des variations de son
prix vénal, fît de son abondance même un fléau
pour le pays qui l'aurait produite. [2]

Si la convenance de la perception préside et
doit présider beaucoup à l'assiette de l'impôt, il
est une autre convenance, la plus grave de
toutes, c'est celle de la production que l'impôt
affecte si puissamment, en venant s'ajouter à son
prix. Il faut le reconnaître, le milliard perçu sur

----

1 M. de Berbis, député : séance du 19 Mai 1829; Rapport
sur la loi des recettes.

2 M. le comte Mollien, pair de France: séance du 28 Juillet
1829; Rapport sur la loi des recettes.

la société touté entière , est un milliard ajouté , chaque année , à tout ce qui se consomme. Ainsi, selon qu'une partie de l'impôt frappe telle ou telle production, il la fait enchérir, il en diminue plus ou moins la consommation et par suite le développement. [1]

Les impôts indirects pourraient être étendus, a dit M. Gautier, à un plus grand nombre d'objets de consommation, surtout de ceux d'une utilité secondaire.......... En Angleterre ces impôts sont perçus sur des objets qui ne sont soumis en France à aucune taxe, pour au-delà de 100 millions de francs ; et sur cette somme 60 millions au moins portent sur des objets de luxe, à l'usage exclusif des hautes classes de la société. Quoique la différence des mœurs, et surtout de la distribution des fortunes dans les deux pays, ne permette pas d'espérer des résultats analogues, il serait facile de trouver encore dans une répartition plus divisée de l'impôt indirect, une compensation au moins partielle du dégrèvement que la nécessité prescrit d'accorder à la denrée qui subit elle seule la moitié de la généralité de cet impôt. [2]

---

1 M. J. Lafitte, député ; séance du 13 Juillet 1829.
2 Séance du 13 Juillet 1829.

La France, obligée de supporter les charges
des temps anciens, de la révolution, de l'empire
et des grands actes de la restauration, observait
M. le vicomte Lainé, sera long-temps grevée
cumulativement de la contribution foncière et
des impôts indirects.

« Les droits indirects peuvent bien peser sur
« les propriétaires, mais ils portent principale-
« ment sur les consommateurs, dont les revenus
« et les salaires sont aussi un peu affectés par
« l'impôt sur le sol dont ils consomment les
« revenus. »

« De là la nécessité de maintenir les impôts
« de consommation. Mais si les boissons doivent
« y rester assujetties, au moins ne doivent-elles
« pas l'être à peu près exclusivement. Les laisser
« surchargées, c'est perpétuer l'injustice et nuire
« au produit lui-même. De même que l'impôt
« foncier atteint toutes les propriétés foncières,
« l'impôt indirect doit porter sur la plupart des
« objets de consommation et sur les objets de
« luxe. Ainsi étendu, il peut être modique et
« devient supportable; *la régie des droits réu-*
« *nis* en aurait un nom plus exact, et les mêmes
« agens, appliqués à plus d'objets de consom-
« mation, en rendraient la perception moins dis-
« pendieuse. De la nécessité d'avoir et de main-
« tenir des impôts de consommation, dérive

« une autre conséquence : c'est qu'ils ne peu-
« vent, sans révéler l'injustice, être levés sur le
« sol, ni trop près du sol. Un impôt, selon sa
« nature, a ses conditions de perception; celui-
« ci doit être levé sur le consommateur et le plus
« près qu'il est possible de la consommation. 1 »

Le Gouvernement, nous n'en doutons point,
reconnaîtra la nécessité de diminuer les droits
actuels des boissons, de ramener ces droits à la
nature de l'impôt indirect, tel qu'on le conçoit
et tel qu'il doit être; c'est-à-dire que ces droits
devront porter sur la consommation sans la restreindre, et sans presque augmenter la valeur
primitive de la denrée. Nous sommes également
persuadé qu'on adoptera un autre mode de perception qui, dans son exécution, se conciliera
mieux avec nos mœurs.

Mais il y aura probablement une diminution
importante dans les revenus publics.

Cent millions et plus d'une seule branche de
contribution doivent être l'objet de graves réflexions. C'est de l'intérêt général qu'il s'agit, et
tous les vœux, ceux des contribuables les premiers, sont unanimes pour la prospérité de la
France.

---

1 Séance de la Chambre des pairs, du 9 Mai 1829.

M. le duc de Cazes [1], d'autres orateurs de la Chambre des pairs, et de celle des députés, M. de Rambuteau, entre autres, ont pensé qu'on pourrait, en partie, suppléer à ce qui manquerait de rentrées au trésor royal, en faisant des impositions mobilière et personnelle un impôt de quotité, au lieu d'un impôt de répartition.

Une meilleure combinaison des frais généraux d'administration, le remboursement des rentes, etc., procureraient-ils une économie réelle de la moitié de ces 100 millions ? Ne demande-t-on pas, avec raison, que l'impôt du sel, denrée de première nécessité et dont le peuple est le plus grand consommateur, soit diminué ? N'avons-nous pas des routes à rétablir, à créer; des canaux à achever, à ouvrir; des fortifications à réparer, à construire ? Que de millions par centaines ne réclament pas ces travaux [2] !

---

1 Séance de la Chambre des pairs du 9 Mai 1829.

2 La somme sur laquelle on peut faire des économies, a dit M. Humann (rapporteur, séance de la Chambre des députés, du 23 Mai 1829), n'est pas d'un milliard, mais de 548 millions, les seuls, sur la totalité des dépenses, qui soient susceptibles de réduction.

Un grand État coûte à administrer : ce n'est pas à peu de frais qu'on entretient l'ordre, la justice, la sécurité, les communications dans un vaste pays, couvert de villes industrieuses,

Une diminution des droits sur les vins et les eaux-de-vie, avec un autre mode de perception; par la suite un allégement à l'impôt du sel, seraient tout ce que l'on pourrait espérer, sauf à pourvoir immédiatement au déficit par d'autres mesures.

Dans l'état présent des choses, l'immense population que le travail alimente et qui n'obtient

---

de champs infiniment divisés, de 32 millions d'habitans, et entouré de voisins, ou jaloux, ou ennemis......

Est-ce une raison de renoncer à un système d'économie ? Assurément non. Toute économie, même modique, a des conséquences immenses; la première, toute morale, c'est de contribuer à l'ordre........ (M. J. Lafitte, député; séance du 1.er Juin 1829.)

En cas d'insuffisance des recettes, pour couvrir un surcroît de dépenses, aurait-on recours à un nouveau crédit ?

Loin de diminuer, pendant quatorze ans de paix, la dette a subi une progression effrayante : elle est le véritable inconvénient du budget; et le meilleur moyen de préparer un soulagement pour l'avenir, c'est de la payer. « Ma confiance dans « le système de crédit n'est pas ébranlée. Je regarde toujours « l'emprunt comme bien préférable à l'impôt *dans les momens* « *de grand besoin*; mais pour trouver le crédit abondant *aux* « *jours de détresse*, il faut aux jours d'abondance lui rendre « ce qu'on y a puisé...... » (M. J. Lafitte, même séance du 1.er Juin 1829.)

Il convient donc de s'occuper, dans un temps ordinaire, des moyens propres à diminuer le capital de la dette publique, plutôt que de l'augmenter par de nouveaux emprunts, les impôts devant suffire aux dépenses annuelles. Si l'on cumulait, son salaire que du produit des vins, est menacée d'une misère prochaine par l'accumulation ou le peu de valeur des récoltes. Ne pourvoyant que très-difficilement à sa nourriture, cette population est forcément privée de plusieurs objets de première nécessité, ou d'une utilité secondaire, qu'il lui est impossible de payer.

Peut-être n'a-t-on pas fait assez attention que

---

successivement, et sans nécessité, emprunts sur emprunts, il faudrait ensuite de nouveaux impôts pour en servir la rente.

L'énormité de la dette d'Angleterre est un écueil que nous devons éviter; nous sommes loin d'avoir ses ressources!

La loi du 28 Avril 1816, qui a fondé l'amortissement, autorisant le Gouvernement à proposer l'annulation des rentes rachetées par la caisse, plusieurs personnes ont pensé qu'il serait possible de réduire, dans une proportion quelconque, la dotation actuelle de la caisse d'amortissement, qui est de 78,303,000 francs (y compris le rachat de 37,503,000 francs de rentes), dans la vue d'alléger d'autant les charges de l'État, ou bien d'en appliquer le montant aux services en souffrance, tels que ceux des routes et des canaux.

L'initiative d'une mesure aussi importante appartient au Gouvernement, qui seul peut en calculer l'opportunité et la convenance. Cette question touche d'ailleurs à des considérations si élevées, que nous ne pouvons en apprécier toute l'étendue. En effet, ne peut-il pas arriver que quelque circonstance politique vienne, d'un moment à l'autre, changer les considérations sur lesquelles on se serait appuyé pour proposer une réduction sur la dotation de la caisse d'amortissement?........ (M. le comte de Sussy, séance des pairs du 30 Juillet 1829.)

les fabricans et les manufacturiers ont un intérêt direct à ce que les vignobles éprouvent du soulagement. L'aisance générale est une des conditions obligées pour donner au marché intérieur l'activité qui consolide la prospérité publique.

C'est parce que les récoltes s'accumulent dans les celliers, que les vins sont sans acheteurs, qu'un grand nombre d'habitans de nos provinces ne peuvent se procurer les divers objets de commerce, nécessaires à leur entretien.

D'un côté les vins, production privilégiée et souvent exclusive de certaines contrées, de l'autre les produits de notre industrie manufacturière, sont stationnaires, sans débouchés, sans emploi, en présence les uns des autres !

Les cultivateurs de vignes et les fabricans s'isolent, s'accusent même, ou se défendent, au sein de richesses stériles ; et l'on se refuse à reconnaître qu'on aurait, au contraire, à se féliciter qu'une portion du territoire n'eût de ressources que dans ses vins, alors que la valeur réalisée de ces mêmes vins viendrait solder les marchandises fabriquées dans le royaume ! !

Pour obtenir cet heureux résultat, il faut que les divers intérêts se concilient entre eux et se prêtent un mutuel appui. Il n'est pas juste qu'une branche d'industrie, le commerce des vins spécialement, supporte seule une majeure partie des charges publiques.

Singulière anomalie ; les propriétaires de vignes, les manufacturiers se plaignent de leur détresse; et tous au sein de l'abondance des produits ! !

Que l'industrie, le commerce intérieur supporte, s'il le faut, une légère portion des droits de consommation, et les provinces vinicoles, une fois soulagées de l'excès de l'impôt, pourront vendre leurs récoltes avec avantage et de cette manière s'approvisionner en marchandises.

Plusieurs millions de consommateurs, en France, dont le travail ou les récoltes sont aujourd'hui sans profit, plus à leur aise désormais, donneraient, tout à coup, la vie aux fabriques et aux manufactures nationales !

Cette vie, qui doit porter sa force et sa fécondité dans les différentes provinces du royaume, n'en serait que plus active si, après avoir pourvu largement à nos besoins, nous pouvions exporter avec plus de facilité nos vins, nos eaux-de-vie et nos produits industriels. [1]

Une réciprocité, mieux démontrée à l'égard des autres pays, augmenterait la somme de nos exportations. La question des vins n'est point

---

1 Voyez chapitres 8 et 10.

ici exclusive ; c'est celle des divers intérêts de notre commerce en général.

Quelles comparaisons aurait-on à établir avec des temps antérieurs ; ou plutôt, quelles bornes aurait-on à assigner à l'accueil que recevraient sur le continent et dans le nouveau monde nos produits privilégiés, de la part de peuples qui n'auraient qu'à s'applaudir de nos procédés dans les relations commerciales ?

Cette question nous semble résolue par l'augmentation de la population chez les autres nations comme chez nous ; partout chacun obéit à l'impulsion qui pousse les générations actuelles, mieux civilisées qu'autrefois, vers une amélioration de bien-être.

M. de Berbis, député, rapporteur de la loi des recettes, a dit [1] : « Nous invitons le Gouver-
« nement de la manière la plus pressante, à
« s'occuper des modifications indispensables à
« apporter dans le fond et dans la forme de
« l'impôt qui pèse sur les boissons. Nous ne
« doutons pas qu'avec une volonté ferme, qu'a-
« vec les lumières qu'il a, et celles dont il peut
« s'entourer, il ne parvienne au but que nous
« désirons........ C'est à lui, essentiellement,

----

[1] Séance du 14 Juillet 1829.

« comme ayant seul les documens et comme
« étant placé au-dessus de tous les intérêts par-
« ticuliers, *qu'il appartient de présenter et sur*
« *l'impôt des boissons et sur tout autre* les
« changemens que l'on sollicite. »

Nous avons sous les yeux les discours pro-
noncés à la chambre des pairs [1] par M. le comte
de Sussy. Son opinion sur la question qui nous
occupe est d'un grand poids : des connaissances
positives et une longue expérience doivent lui
mériter une attention toute particulière.

Plusieurs nobles pairs ont appuyé l'opinion
de M. le comte de Sussy.

La cause est entendue : obéissance à la loi
actuelle, tant qu'elle existera ; confiance en la
justice du Gouvernement ; reconnaissance envers
les orateurs des deux chambres, qui ont appuyé
avec tant de zèle et d'éloquence les remontrances
des propriétaires de vignes. Le Roi n'ignore
point leurs maux.......; ils seront soulagés !

---

[1] Séances des 16 Août 1828 et 30 Juillet 1829.

CHAPITRE XVI.

De l'impôt du sel.

On ne conteste pas, a dit M. Marchal, député[1], que le sel soit une substance de prémière nécessité. On avoue l'impossibilité de la suppléer; on reconnaît que le pauvre en consomme plus que le riche, et que cette denrée fait l'assaisonnement et la salubrité de la nourriture des classes ouvrières et malheureuses.

Il est à regretter, sans doute, que le Gouvernement ne puisse affranchir de tous droits le sel employé dans les alimens, une substance qui n'est répandue avec profusion que parce qu'elle est indispensable, qu'elle joue un grand rôle dans l'économie animale et végétale.

Quelques esprits cependant doutent de ses avantages dans la nourriture des animaux; ils en contestent la propriété comme amendement pour l'agriculture.

N'est-il pas suffisamment constaté que des maladies, la pourriture, par exemple, ne se guérissent que par l'emploi du sel? que l'usage qu'on

[1] Séance du 14 Juillet 1829.

en fait dans l'état de santé, prévient encore les maladies dont il est le remède? et qu'en excitant l'appétit, il facilite l'engraissement des bestiaux?

La passion de certaines espèces d'animaux pour le sel, n'indique-t-elle pas qu'il ne leur est pas moins salutaire qu'à l'homme même?

On a l'habitude, dans une partie de l'Amérique, de mêler du sel à la nourriture des chevaux.

L'introduction du régime salé dans une métairie considérable, à certaines époques de l'année et suivant les besoins, y a rendu les animaux plus forts et mieux portans. Ce régime a augmenté souvent la quantité, presque toujours la qualité des produits, et y a rendu les soins du vétérinaire presque inutiles.

D'un autre côté, l'usage des salaisons, qui serait bien plus étendu avec une réduction de l'impôt, prouve que le sel pourrait être employé, comme l'indiquent quelques agronomes, à la conservation des fourrages de mauvaise qualité, ou dont la récolte a été faite en mauvaise saison.

Quant à l'amendement des terres, les cahiers d'enquête qui ont été distribués, prouvent qu'à la Guadeloupe le sel est mêlé au fumier, pour rendre cet engrais plus puissant.

Un propriétaire d'Angleterre a divisé un champ qu'il ensemençait en blé. Il en a cultivé une partie avec le procédé des engrais communément usités, et une partie avec des engrais auxquels il avait ajouté une portion de sel. Cette dernière partie a rapporté, en récolte, beaucoup plus que l'autre, et dans une telle proportion que la comparaison était au-delà de toute attente.

Quelques cultivateurs de l'Alsace trouvent encore de l'avantage, malgré l'impôt, à mêler le sel à d'autres substances, pour composer un amendement qui rend très-productives les terres humides et argileuses.

Une dissolution du sel ravive dans certains cas la végétation languissante; elle met les semences à l'abri des insectes.........

A l'appui de ces recherches et de ces renseignemens, nous devons ajouter que la même question a été plusieurs fois reproduite dans la chambre des pairs et dans celle des députés; que tous les orateurs ont été unanimes sur la convenance de diminuer l'impôt du sel, ne serait-ce qu'en faveur du peuple et pour le soulager dans une partie essentielle de ses besoins.

Mais l'impôt du sel rapporte 60 millions. Il est probable qu'une réduction du droit augmenterait la consommation de cette denrée, surtout pour l'économie agricole, et qu'il y aurait ainsi compensation : l'expérience seule peut résoudre ce problème. En cas de diminution du revenu, ce sacrifice, pour le trésor royal, serait à ajouter à celui qu'occasionnera un nouveau système d'impôts sur les boissons.

Ces considérations sont de la plus haute importance.

Il serait convenable de consulter l'expérience, pendant une année au moins, pour connaître le résultat des nouvelles mesures, des nouvelles contributions indirectes qu'on adopterait, et qui devraient parer à un déficit dans les recettes.

Espérons que le Gouvernement sera mis à même, par la suite, de réduire de beaucoup l'impôt du sel.

RÉSUMÉ.

Nous disons avec un honorable député[1], que le travail productif est le premier élément de force et de grandeur pour un État.

LE COMMERCE OU LE MARCHÉ INTÉRIEUR réclame une attention toute spéciale : trente-deux millions de consommateurs en France ; activité dans les diverses branches d'industrie ; productions privilégiées ; perfectionnement dans beaucoup d'objets de main-d'œuvre ; que de sources de prospérité !

Une protection franche et énergique des intérêts généraux consolide cette prospérité et accroît la puissance du monarque.[2]

LE COMMERCE EXTÉRIEUR est souvent indispensable au commerce intérieur ; dans beaucoup d'occasions son concours favorise la production et est propice à la consommation.

Le commerce extérieur unit les nations ; il peut être la source de grands bénéfices et con-

---

1 Chapitre 1, page 2.
2 Chapitre 2, page 6.

tribue avec le commerce intérieur à la force du gouvernement qui protège l'un et l'autre. [1]

LES IMPÔTS doivent maintenir un juste équilibre entre les différens intérêts agricoles, commerciaux et industriels, et être combinés de telle sorte que chacune de ces trois branches de richesses ou de ressources ne supporte que ce qu'elle peut supporter, sans que cela nuise à son accroissement. [2]

LA CONTRIBUTION FONCIÈRE n'a satisfait jusqu'à présent et ne peut satisfaire qu'au tiers, à peu près, des charges publiques.

LES IMPÔTS INDIRECTS y suppléent pour le surplus. [3]

La liberté indéfinie du commerce est une utopie impossible à réaliser.

LES DOUANES assurent garantie, sécurité et protection à l'industrie, au commerce français; elles sont, en même temps, une branche légitime d'impôts, et doivent continuer à être une des sources nourricières du trésor royal.

---

1 Chapitre 3, page 7.
2 Chapitre 4, page 24.
3 Chapitre 14, page 71.

L'achat amène la vente, a dit M. le comte d'Argout, pair de France, dans son rapport sur la dernière enquête.

Quoiqu'un principe fixe doive régler habituellement les applications de l'impôt, la condition *d'une fixité absolue* ne doit pas enchaîner les chiffres de nos tarifs....... Telle circonstance peut survenir dans la production, dans la consommation, dans la réciprocité commerciale, que des réductions graduelles sur quelques taxes puissent aussi devenir un devoir, un besoin publics. [1]

Il est dans nos intérêts de nous abstenir de mesures trop hostiles envers le commerce d'autres peuples, particulièrement du continent, de crainte de représailles.

L'exportation de notre superflu en vins, en eaux-de-vie, productions privilégiées; de nos marchandises en soieries, en draperies, etc., ne peut être trop encouragée. Les lois des douanes ne doivent pas isoler les peuples entre eux. [2]

Une sage doctrine condamne un régime trop absolu de PROHIBITIONS et une trop grande libéralité dans les tarifs. La protection résultant des

---

[1] Chapitre 6, page 27.
[2] Chapitre 7, page 33; chapitre 16, page 61.

taxes est habituellement préférable à celle résultant des prohibitions formelles. [1]

Ce qu'un gouvernement doit à l'industrie nationale, c'est de la mettre sur un terrain favorable pour lutter avec l'étranger.

La prévision doit combiner l'assiette des diverses contributions et plus spécialement des contributions indirectes, dans leur généralité, à l'avantage des contribuables.

Plus LES MATIÈRES PREMIÈRES sont à bon compte, plus les objets fabriqués reviennent à meilleur marché ; le bas prix de ceux-ci détermine toujours la vente et multiplie, par conséquent, les occasions du travail.

Le bon marché des objets de première nécessité, de la viande, entre autres, est une des conditions de l'aisance du peuple, de celle de l'ouvrier qui ne vit que de son salaire : ainsi une réduction des droits à l'entrée du royaume sur les bestiaux étrangers serait profitable à la population ; elle ne nuirait point à l'agriculture, et calmerait certaine irritation qui met obstacle à l'extension de nos rapports commerciaux avec des peuples voisins.

Une modération de droits, à l'entrée, sur des

---

[1] Chapitre 9, page 56.

matières premières nécessaires à notre main-d'œuvre et sur les bestiaux venant de l'étranger, serait très-profitable au travail de l'intérieur et par suite à une autre branche de revenus publics, à l'impôt des boissons[1] ;

car toutes les consommations se lient.

L'institution d'ENTREPÔTS RÉELS de produits étrangers dans l'intérieur du royaume et à proximité des frontières, nous paraît être une conséquence du principe, déjà reconnu, d'une plus grande extension à donner AUX TRANSITS.[2]

L'IMPÔT OU LE DROIT DE CONSOMMATION s'adresse principalement aux produits se renouvelant sans cesse, et sans cesse consommés et renouvelés. *Il ne doit être qu'une légère addition à la valeur primitive de la denrée ou de la marchandise.* Plus la population est grande, plus il y a d'activité et de profit dans le travail plus la consommation augmente.

Les boissons fermentées ont toujours paru de nature à subir l'impôt de consommation, mais dans *des proportions modérées.* Si ces propor-

---

1 Chapitre 8, page 40.

2 Chapitre 11, page 62 ; chapitre 12, page 67 ; et chapitre 13, page 70.

tions sont outre-passées, il n'y a plus d'équitables combinaisons, l'excès nuit nécessairement à la production et à la consommation.

Le régime actuel des boissons a fait naître, depuis plusieurs années, de vives réclamations. Des membres des deux chambres ont démontré, pendant la session de 1829, combien ces réclamations sont fondées. Confiance en la justice du Gouvernement; espérance que la loi sera modifiée à l'avantage des contrées vinicoles, à l'avantage du commerce.

De grands intérêts et même la prospérité de la France se rattachent à cette importante question : l'industrie manufacturière n'y est pas plus étrangère que l'industrie agricole, puisque les principaux canaux qui vivifient la consommation sont également obstrués et que le propriétaire de vignes d'une part, le fabricant, ou le manufacturier de l'autre, se plaignent de leur détresse réciproque, chacun au sein de richesses stériles et au milieu de l'abondance des produits. [1]

---

[1] Chapitre 14, page 51; chapitre 15, page 81; et chapitre 16, page 104.

TABLE DES CHAPITRES.

FIN.

www.ingramcontent.com/pod-product-compliance
Ingram Content Group UK Ltd.
Pitfield, Milton Keynes, MK11 3LW, UK
UKHW022049070726
13613UKWH00002B/740